Sven-David Müller-Nothmann
Christiane Weißenberger

Ernährungsratgeber Schilddrüse – Genießen erlaubt!

Sven-David Müller-Nothmann
Christiane Weißenberger

Ernährungsratgeber Schilddrüse – Genießen erlaubt!

schlütersche

Bibliografische Information der Deutschen Nationalbibliothek

Die Deutsche Nationalbibliothek verzeichnet diese Publikation in der Deutschen Nationalbibliografie; detaillierte bibliografische Daten sind im Internet über http://dnb.ddb.de abrufbar.

ISBN 978-3-89993-541-7

Anschrift der Autoren:
Sven-David Müller-Nothmann
Gotenring 37, 50667 Köln, E-mail: info@svendavidmueller.de
Christiane Weißenberger
Lärchenstraße 15, 97440 Werneck, E-mail: Christiane.Weissenberger@Weissenberger-finanz.de

Fotos:
AGphotographer 52, 60, 104; Aidaricci 78; Stolbtsov Alexandre 150; Amri OEG 47 unten; Rachid Amrous 149; Thomas Aumann 39; Ingrid Balabanova 133; Galina Barskaya 11; Bartlomiej 125; Ricardo Bhering 141; Elenathewise 122; Dieter Beselt 53; Ewa Brozek 48 oben; Maria Brzostowska 99; Sascha Burkard 152 oben; Sandra Caldwell 147 unten; Jordi Cubells Biela 81; Lucky Dragon 36; ELEN 129; Liv Friis-larsen 77; Gourmecana 130; hans12 103; Hubert Isselée 128; Pekka Jaakkola 85; Tomo Jesenicnik 89, 117; Christian Jung 61, 93; Michael Kempf 24; Valentyn Kolesnyk 58; Philip Lange 16; Rob Marmion 28; maxime82 148; Tammy Mcallister 68; Craig Mcateer 107; MEV 25, 49, 96, 121, 126, 134, 136; Stuart Monk 48 unten; Mosich 135 oben; Jovan Nikolic 145; Dóri O'connell 15, 50 unten; ogvision 132; Monika Olszewska 73; OlgaLIS 65, 147 oben; Robert Owen-wahl 84; Alina Pavlova 45; Marie-hermine Parecker 138; photoGrapHie 56; Walter Quirtmair 101; red2000 152 unten; Tina Rencelj 102; Helen Reznykova 139; Nicholas Rjabow 50 oben; RTimages 114; Vitalij Schäfer 40; Schilddrüse e.V. 13, 19; Clint Scholz 46; Otmar Smit 71; Carmen Steiner 111; Suprijono Suharjoto 33; Raymond Tellier 22; Alvin Teo 75 oben; Irina Tischenko 47 oben; Mats Toom 64; Simone Van Den Berg 62; Vasil Vasilev 44; Graça Victoria 59; Ingo Wandmacher 5, 42, 43, 51, 54, 55, 57, 63, 66, 67, 69, 70, 72, 74, 75 unten, 79, 80, 82, 83, 86, 91, 95, 97, 100, 105, 106, 108, 110, 112, 113 oben, 113 unten, 118,119,120, 123, 124, 127, 131, 135 unten, 137, 140, 143, 144, 146, 151; Andrey Yurov 115
Umschlag: Darren Baker (Umschlag vorne rechts), Suprijono Suharjoto (Umschlag vorne links), Raymond Tellier (hintere Klappe, innen), Schilddrüse e.V. (hintere Klappe, außen)

Abkürzungen:

a. D.	=	aus der Dose	I. E.	=	Internationale Einheiten (Mengenangabe)
EL	=	Esslöffel	kcal	=	Kilokalorien
e. V.	=	eingetragener Verein	kg	=	Kilogramm
F. i. Tr.	=	Fettgehalt in der Trockenmasse	kJ	=	Kilojoule (4,18 Kilojoule = 1 Kilokalorie)
g	=	Gramm	mg	=	Milligramm
geh.	=	gehackt	ml	=	Milliliter
gem.	=	gemahlen	Pck.	=	Päckchen
getr.	=	getrocknet	TL	=	Teelöffel
ger.	=	gerieben			

Gestaltung: Schlütersche Verlagsgesellschaft mbH & Co. KG
Satz: Die Feder GmbH, Wetzlar
Druck und Bindung: Grafisches Centrum Cuno GmbH & Co. KG, Calbe

Inhalt

Vorwort

Liebe Leserin, lieber Leser,

im Verlauf der geologischen Entwicklung wurde Jod aus dem Boden ausgeschwemmt und in die Meere transportiert. In der Bundesrepublik Deutschland und den angrenzenden Ländern sind Boden und Wasser daher jodarm. Diese Jodarmut führt zu einem niedrigen Jodgehalt in Lebensmitteln und Trinkwasser.

In der Folge des Jodmangels entwickelt sich häufig ein Kropf. Jedes dritte Schulkind in Deutschland hat eine durch Jodmangel hervorgerufene vergrößerte Schilddrüse; praktisch alle Schilddrüsenvergrößerungen sind in Deutschland durch einen Jodmangel bedingt.

Jod ist ein lebensnotwendiger Mineralstoff für den menschlichen Körper und ein wichtiger Bestandteil der Schilddrüsenhormone. Bei Jodmangel können diese Hormone nicht in ausreichender Menge gebildet werden, und es kommt zu Gesundheitsstörungen und Leistungseinbußen.

Die Verwendung von Jodsalz und regelmäßiger Fischverzehr sind die Säulen einer schilddrüsengesunden Ernährung, die den ganzen Körper fit und aktiv hält. Unser Buch vermittelt Ihnen die theoretischen Grundlagen einer schilddrüsengesunden Ernährung und zeigt Ihnen in einem ausführlichen Rezeptteil, wie Sie lecker und abwechslungsreich essen und jodmangelbedingten Schilddrüsenkrankheiten vorbeugen. Wir zeigen Ihnen, dass schilddrüsengesunde Ernährung Spaß macht und die Speisen köstlich schmecken.

Die Rezepte entsprechen natürlich den Grundlagen einer gesunden Ernährung und enthalten reichlich lebenswichtige Vitamine und Mineralstoffe.

Ihre ganze Familie kann und soll dabei mitessen, denn auch hier gilt es, jodmangelbedingten Schilddrüsenkrankheiten vorzubeugen.

Viel Spaß beim Nachkochen wünschen Ihnen

Christiane Weißenberger
Diätassistentin/Diabetesassistentin

Sven-David Müller-Nothmann
Diätassistent/Diabetesberater

Geleitwort

Liebe Leserin, lieber Leser,

ein Jodmangel führt unweigerlich zur Kropfbildung; weltweit sind davon laut WHO 400 Millionen Menschen betroffen. Die Spitzenposition in Europa hält das Jodmangelgebiet Deutschland. Sechs bis acht Millionen Menschen leiden unter einer Struma (Kropf). Jodmangel kommt uns teuer zu stehen: Jährlich müssen 80 000 Schilddrüsenoperationen durchgeführt werden. Das kostet rund 500 Millionen Euro. Insgesamt belasten Schilddrüsenkrankheiten das Gesundheitssystem mit mehr als 1,2 Milliarden Euro Kosten.

Der Körperbestand an Jod beträgt zehn bis 15 Milligramm. 70 bis 80 Prozent davon befinden sich in der Schilddrüse. Die schwammartige Drüse, die mit vielen Blutgefäßen durchsetzt ist, kann die winzigsten Jodmengen aus dem Blut filtern. Täglich benötigt die Schilddrüse rund 200 Mikrogramm Jod. Erhält sie zu wenig, vergrößert sich die Schilddrüse und eine Struma entsteht, um eine Mehrproduktion an Schilddrüsenhormonen zu erreichen.

Jodmangel muss durch eine jodreiche Ernährung mit Verwendung von Jodsalz ausgeglichen werden, um Schilddrüsenkrankheiten vorzubeugen. Jodiertes Speisesalz darf seit Mitte 1989 in der Lebensmittelindustrie und in der Gemeinschaftsverpflegung eingesetzt werden. Besonders Kleinkinder, Schulkinder, Jugendliche, Schwangere und Stillende müssen auf eine ausreichende Jodversorgung achten. In der Schwangerschaft und Stillzeit ist die Einnahme von Jodtabletten notwendig. Diabetiker verlieren über den Urin größere Jodmengen und müssen ebenfalls auf eine jodreiche Ernährung achten, denn vorbeugen ist einfacher und besser als heilen. Patienten mit einer Hashimoto-Thyreoiditis sollten jedoch große Jodmengen, wie sie in Nahrungsergänzungsmitteln, Meeresalgen (und entsprechenden) Präparaten enthalten sind, meiden.

Im Zeitalter der Pharmakotherapie ist die kompetente und verständliche Vermittlung von Ernährungstherapie wichtig, wie sie den Autoren des vorliegenden Buches gelingt, denn bei Schilddrüsenerkrankungen ergänzen sich ärztliche Therapie und Ernährungstherapie.

Die Autoren legen ein übersichtliches, für den Laien bestens verständliches und hilfreiches Buch vor, das den derzeitigen ernährungsphysiologischen Stand frei von überkommenen Diätvorschriften und Dogmen vermittelt. Das Buch „Ernährungsratgeber Schilddrüse" kann eine ärztliche Aufklärung und eine individuelle Ernährungsberatung nicht ersetzen, es stellt aber eine wirklich wichtige und gute Ergänzung dar. Ich wünsche diesem Buch daher eine große Verbreitung.

Prof. Dr. med. Hubertus Wietholtz
Internist und Gastroenterologe,
Direktor der Medizinischen Klinik II
(Gastroenterologie und Stoffwechselkrankheiten) am Klinikum
Darmstadt

Einführung

Schilddrüsenkrankheiten sind die häufigsten Stoffwechselerkrankungen

Schilddrüsenerkrankungen sind in Deutschland echte Volkskrankheiten. Das ist in erster Linie auf den extremen Jodmangel in Deutschland zurückzuführen. Wir nehmen aber auch zu wenig schilddrüsengesundes Selen auf. Das Ernährungsverhalten in Deutschland ist dazu angetan, der Schilddrüse die Arbeit zu erschweren.

Wenn man den Jodmangelkropf einbezieht, stehen die Schilddrüsenerkrankungen unter den Stoffwechselstörungen an erster Stelle, weniger häufig ist eine Überfunktion der Schilddrüse (Hyperthyreose) und noch seltener tritt die Unterfunktion der Schilddrüse (Hypothyreose) auf. Prinzipiell sind Frauen häufiger von Schilddrüsenkrankheiten betroffen als Männer.

Oftmals besitzt die Jodmangelstruma, wie der Mediziner die Vergrößerung der Schilddrüse nennt, keinen Krankheitswert. Wichtig ist aber, dass sich daraus später Komplikationen entwickeln können. Daher muss dem Kropf durch eine ausreichende Jodzufuhr vorgebeugt werden. Jeder Mensch mit einem Kropf sollte zudem den Arzt aufsuchen. Funktionsstörungen der Schilddrüse finden sich bei der Über- und Unterfunktion der Schilddrüse (Hyper- und Hypothyreose). Beide Erkrankungen können in lebensgefährlichen Krisen entgleisen. Weiterhin kann die Schilddrüse Sitz einer Entzündung (Thyreoiditis) oder einer bösartigen Entartung (Schilddrüsenkrebs) sein.

Einteilung der Schilddrüsenerkrankungen nach Häufigkeit

1. Kropf (Struma)
2. Schilddrüsenüberfunktion (Hyperthyreose)
3. Schilddrüsenunterfunktion (Hypothyreose)
4. seltene andere Schilddrüsenerkrankungen, z. B. Karzinome, Zysten

Wunderwerk Schilddrüse – kleines Organ ganz groß

Die Schilddrüse ist ein kleines, schmetterlingsförmiges Organ. Mit zwei seitlichen Lappen (rechter und linker Lappen) und einem Verbindungsstück (Isthmus) liegt sie im Übergangsbereich von Kehlkopf und Luftröhre: Sie liegt unterhalb

des Kehlkopfes und umfasst halbkreisförmig die Luftröhre. Jeder Schilddrüsenlappen hat einen oberen und einen unteren Pol. Die Schilddrüse ist ganz weich und in gesundem Zustand kaum tastbar. Sie wird von der unteren Zungenbeinmuskulatur bedeckt und über zwei obere und zwei untere Schilddrüsenarterien mit Blut versorgt. Pro Stunde fließen rund fünf Liter Blut durch die Schilddrüse. Die Schilddrüse hat eine Masse von 15 bis 25 Gramm. Bei Frauen ist die Schilddrüse im Durchschnitt 18 Gramm und bei Männern bis 25 Gramm schwer.

Mikroskopisch unterscheidet sich die Schilddrüse von anderen hormonbildenden Drüsen, beispielsweise der insulinproduzierenden Bauchspeicheldrüse, durch eine bläschenförmige Anordnung der Drüsenzellen. Diese Bläschen (der Mediziner spricht von Follikel) sind von einer einschichtigen Drüsenhaut (Epithel) ausgekleidet, dessen Höhe funktionsabhängig wechselt. Daneben haben die Bläschen eine Höhle, die in einer bestimmten Form die Schilddrüsenhormone enthält und von hier in die kleinsten Blutgefäße gelangt. Zwischen den Follikeln, die 80 Prozent des Gewebes ausmachen, liegen die C-Zellen, die 20 Prozent der Schilddrüsenzellen ausmachen. Die Follikelzellen der Schilddrüse stellen die Schilddrüsenhormone her, die C-Zellen sind für die Produktion eines anderen Hormons, des Kalzitonins, zuständig.

Die Nebenschilddrüsen – die den Gegenspieler des Kalzitonins, das Parathormon, produzieren – sind vier linsenförmige kleine Körperchen an den Polen der Schilddrüse. Ihre Lage ist wechselnd. Sie ist nur schwer von den Läppchen zu unterscheiden. Sie sind ungefähr so groß wie ein Pfefferkorn.

Schilddrüsenhormone und ihre Wirkung auf den Stoffwechsel

Die Follikelzellen der Schilddrüse produzieren die lebenswichtigen Hormone Tetraiodthyronin (T4, Thyroxin) und Triiodthyronin (T3), die den Grundumsatz und den Gesamtstoffwechsel steigern. Thyroxin und Triiodthyronin baut die Schilddrüse aus dem Mineralstoff Jod und dem Eiweißbaustein (Aminosäure) Tyrosin auf.

Beim Gesunden dienen die Schilddrüsenhormone der Aufrechterhaltung einer ausgeglichenen Energiebilanz, aufgrund ihrer Wirkung werden sie als „Peitsche des Organismus“ bezeichnet: Sie steigern den Grundumsatz und Gesamtstoffwechsel.

Wir brauchen Jod, um gesund und fit zu sein und uns wohl zu fühlen.

Schilddrüsenhormone fördern in der natürlichen, gesunden Konzentration besonders den Eiweißaufbau. Sie haben eine sogenannte anabole Wirkung. Das heißt, dass Schilddrüsenhormone beispielsweise Muskulatur oder andere Eiweiße aufbauen. Eine Mindestkonzentration an Schilddrüsenhormonen ist für die Entwicklung der verschiedenen Organe und besonders des zentralen Nervensystems Voraussetzung. Eine Schilddrüsenunterfunktion geht oft mit Übergewicht und eine Schilddrüsenüberfunktion oft mit Untergewicht einher.

Die C-Zellen der Schilddrüse bilden das Thyrokalzitonin (TC, Kalzitonin), das den Kalziumstoffwechsel beeinflusst und so einen bedeutenden Faktor im Knochenstoffwechsel darstellt. Es hemmt den Knochenabbau.

Parathormon ist das Hormon, das in den Nebenschilddrüsen produziert wird. Es ist der Gegenspieler (Antagonist) des Kalzitonin, denn es hebt den Kalziumspiegel im Blut an (es macht sozusagen Kalzium parat), indem es die Kalziumaufnahme über den Darm fördert und Kalzium und Phosphat aus den Knochen freisetzt. Zudem fördert es die Phosphatausscheidung über die Nieren.

Normalwert Kalzitonin

Männer	0–14 pg/ml oder 0–4,1 pmol/l
Frauen	0–28 pg/dl oder 0–8,2 pmol/l

Normalwert T3 (Gesamt-Triiodthyronin)
75–195 mg/dl oder
1,16–3,00 nmol/l

Normalwert T4 (Thyroxin)
4–12 µg/dl oder 52-154 nmol/l

Normalwert Parathormon
unter 25 pg/ml oder unter
2,94 pmol/l

Struktur und Wirkungsmechanismus der Schilddrüsenhormone

Das Triiodthyronin-Molekül ist an drei Stellen (T3) mit Jod besetzt, das Thyroxin an vier Stellen (T4). Die Schilddrüse setzt etwa 90 bis 95 Prozent T4 und nur eine geringe Menge an T3 frei.

Die Hormonbildung erfolgt in Stufen durch Anlagerung von Jod an Aminosäuren. Die Jodierung selbst erfolgt stufenweise und stets am Rest der Aminosäure Tyrosin. Die vorletzte Stufe ist T3 und die Endstufe T4, das die Speicherform des Hormons darstellt. Werden vom Körper Schilddrüsenhormone gebraucht, wird T4 wiederum dejodiert und T3 entsteht.

Zur Speicherung der Hormone, die sich zu 80 Prozent im Blut und der Leber befinden, in der Schilddrüse sind die Hormone an Eiweißsubstanzen (Globuline) gebunden. Die gebundenen Hormone heißen Thyreoglobuline.

Am jeweiligen Wirkungsort verbinden sich die Schilddrüsenhormone mit bestimmten Rezeptoren, die auf allen Körperzellen vorhanden sind. Sie wirken sozusagen als Schlüssel. Die Zellrezeptoren kann man sich als Schlüssellöcher vorstellen. Nachdem die Hormone das Schloss aufgeschlossen haben, geschehen genau definierte Abläufe.

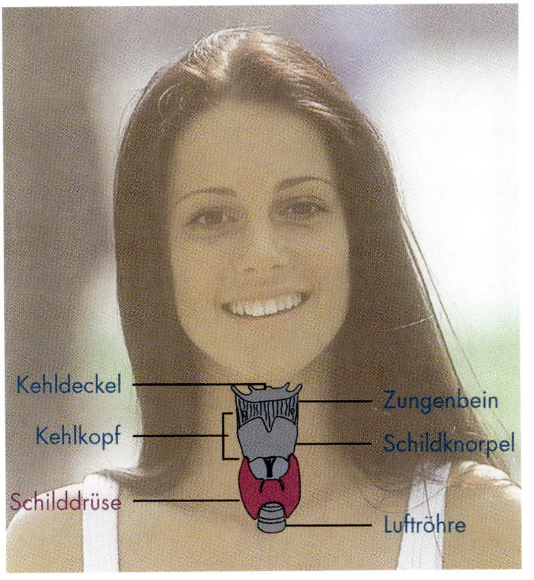

Die Schilddrüse

Ein Regelkreis steuert die Schilddrüsenfunktion

Die Bildung der Schilddrüsenhormone wird durch einen empfindlichen Regelkreis gesteuert: Der Hypothalamus schüttet bei zu niedriger T3/T4-Konzentration ein Hormon (TRH, thyrotropin releasing hormon) aus, das den Hypophysenvorderlappen (Hirnanhangdrüse) zur Arbeit anregt. Dieser wiederum schüttet ein weiteres Hormon (TSH, thyreoidea-stimulierendes Hormon) aus, das die Schilddrüse zur Produktion von T3 und T4 anregt. Wenn genügend Schilddrüsenhormone ins Blut gelangen und an den Zellrezeptoren andocken, gibt es eine Rückkoppelung zum Hypothalamus, der seine Hormonproduktion in der Folge wieder drosselt.

Normalwert TRH
bis 18 µU/ml
Normalwert TSH
0,3–4,0 mU/l
0,2–3,1 µU/ml

Jod ist lebensnotwendig!

Um ausreichend Jod für die Hormonproduktion zur Verfügung zu haben, wird von der Schilddrüse aus dem zirkulierenden Blut Jod abgefangen und konzentriert. Da Jod teilweise nach dem Abbau der Hormone in der Leber durch den Darm, vor allem aber durch die Nieren mit dem Urin ausgeschieden wird, müssen immer ausreichende Mengen an Jod mit der Nahrung zugeführt werden.

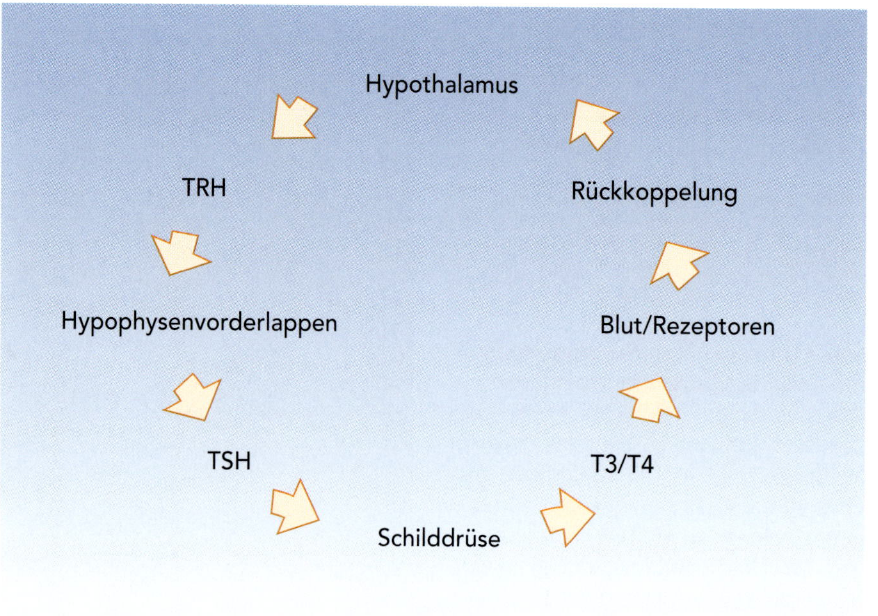

Empfohlene Mengen und tatsächliche Zufuhr (in Mikrogramm (µg) Jod pro Tag)			
Altersgruppe	**Empfohlene Menge**	**Tatsächliche Aufnahme**	**Joddefizit**
Gestillte Säuglinge	50–80	40–50	10–30
Kinder, 1–9 Jahre	100–140	60–100	40
Jugendliche, Erwachsene	180–200	120	60–80
Schwangere, Stillende	230–260	110–125	120–135

Jod ist lebensnotwendig und kann vom Körper nicht gebildet werden. Wir müssen täglich Jod zuführen.

98 Prozent des vom Körper mit der Nahrung aufgenommenen Jods wird in der Schilddrüse gespeichert. Um ausreichend Jod aufzunehmen, ist es notwendig mehrmals wöchentlich Seefisch zu essen und alle Lebensmittel und Speisen mit jodiertem Speisesalz zu würzen. Außerdem sollten Sie beim Einkaufen darauf achten, dass Brot und Backwaren sowie Wurstwaren und Fertigprodukte mit Jodsalz hergestellt wurden.

Was ist ein Kropf?

Der Kropf ist die häufigste Schilddrüsenerkrankung in Deutschland: Mit dem Ultraschall lässt sich bei fast 50 Prozent der Menschen in Deutschland, bei 30 Prozent der Bevölkerung in Westeuropa und bei 90 Prozent der Schilddrüsenpatienten ein Kropf (Struma) feststellen. Ursache für das Wachstum der Schilddrüse ist in den meisten Fällen der in Deutschland herrschende Jodmangel und damit eine zu geringe Jodaufnahme mit der Nahrung.

Die Entstehung des Kropfes ist komplex und kompliziert: Bei Jodmangel in der Ernährung greift die Schilddrüse auf ihre Reserven zurück. Bis zu diesem Zeitpunkt kommt es noch nicht zu Beschwerden. Erst wenn die Reserven aufgebraucht sind, sinkt der Schilddrüsenhormonspiegel. Über einen Regelkreis wird die Schilddrüse zur erhöhten Produktion stimuliert. Das führt zum Wachstum der Schilddrüsenzellen. Für das Wachstum selbst sind lokale Wachstumsfaktoren und bestimmte Jodlipide (Lipide = Fette) verantwortlich. Die Schilddrüse wiederum versucht durch eine Gewebevermehrung noch geringste Mengen an Jod aufzunehmen. Ein Kropf – auch Jodmangelstruma genannt – entsteht. Der Mediziner bezeichnet diese Form des Kropfes als euthyreote Struma. Sie ist nicht entzündlich und entartet, die Schilddrüsenhormonproduktion normal.

Ein Kropf kann auch entstehen, wenn gegen das Globulin (Eiweißkörper) des Thyreoglobulin, der Speicherform des Schilddrüsenhormons, oder gegen andere Eiweiße in der Schilddrüse Antikörper gebildet werden. Es ist ein Vorgang, bei dem der Körper ein von ihm selbst produziertes Eiweiß für körperfremd (Antigen) hält. Es findet eine sogenannte Antigen-Antikörper-Reaktion in der Schilddrüse statt, die verhindert, dass ausreichend Schilddrüsenhormone in das Blut und damit in den ganzen Körper gelangen.

Jodmangel ist der bedeutendste Grund für die Entstehung des Kropfes – die Schilddrüse versucht, den Mangel durch zunehmende Größe auszugleichen.

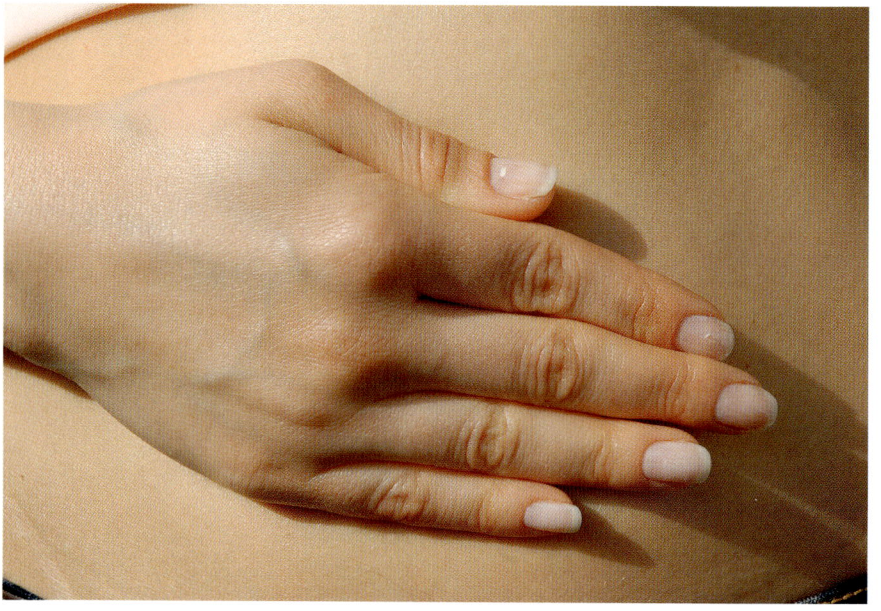

Gesundheitliche Risiken des Jodmangels	
Ungeborenes	gestörte Gehirnreifung, Missbildungen, Fehl- und Totgeburt
Säuglinge und Kleinkinder	Kropf, verzögerte Reifung von Gehirn und Knochen mit den Folgen: verlangsamtes Wachstum, verminderte Intelligenz
Schulkinder	vergrößerte Schilddrüse, Lern- und Merkschwierigkeiten, vorzeitige Arteriosklerose
Jugendliche/Erwachsene	allgemeine Gesundheitsstörungen, Atem- und Schluckbeschwerden, Veränderungen des Schilddrüsengewebes (kalte und heiße Knoten), vergrößerte Schilddrüse (Kropf/Struma), gestörte Fruchtbarkeit beim Mann und Frau, Menstruationsstörungen

Da der Kropf in der Regel nur geringe Beschwerden verursacht, wird er oft erst sehr spät – wenn er bereits von außen gut sichtbar ist – entdeckt. Besteht ein Kropf über längere Zeit, können sich heiße und kalte Knoten bilden. Krankhafte Vergrößerungen der Schilddrüse (Struma) können Atem- und Schluckbeschwerden hervorrufen. Eine Struma kann mit einer Über-, Unter- oder normalen Schilddrüsen-Hormonproduktion einhergehen. Das Vorliegen einer Struma sagt noch nichts über die Hormonproduktion aus.

Das Strumaleiden wird von Medizinern in verschiedene Stadien eingeteilt. Das Stadium III der Struma kann zu einem Globusgefühl, Atem- und Schluckstörungen sowie Heiserkeit führen.

Strumaprophylaxe in der Schwangerschaft

Bis zu 70 Prozent aller Schwangeren entwickeln im Verlauf der Schwangerschaft oder direkt nach der Geburt eine Struma. Das muss nicht sein, wenn ausreichend Jod zugeführt wird. Für Schwangere mit Struma gilt, wenn sie euthyreot sind (also ausreichend Schilddrüsenhormone produzieren), dass sie täglich 50 bis 200 µg Jod und 50 bis 100 µg L-Thyroxin einnehmen müssen. Sind die Schwangeren hingegen hypothyreot (zu wenig Schilddrü-

Stadien der Struma	
Stadium 0:	keine Struma
Stadium I:	Struma bei normaler Kopfhaltung nur tastbar
Stadium Ia:	Struma auch bei zurückgebeugtem Hals nicht sichtbar, aber tastbar
Stadium Ib:	Struma bei zurückgebeugtem Hals sichtbar
Stadium II:	sichtbare Struma bei normaler Kopfhaltung
Stadium III:	große Struma mit lokalen Verdrängungserscheinungen, aus größerer Entfernung sichtbar

senhormone), müssen sie 75 bis 125 µg L-Thyroxin und 150 µg Jod einnehmen.

Was gilt für Säuglinge?

In Deutschland werden jährlich 6000 Säuglinge mit Kropf geboren. Gestillte Säuglinge von Müttern, die ihren Jodbedarf nach obigen Empfehlungen decken, sind ausreichend mit Jod versorgt. Andernfalls kommt es bei Säuglingen unter Muttermilchernährung zur Hypothyreose. Wichtig ist die Verwendung von mit Jod angereicherter Säuglingsmilch für nicht (mehr) gestillte Säuglinge und später die Verabreichung von mit Jod angereicherter Beikost.

Wie diagnostiziert der Arzt den Kropf?

Neben der äußerlichen Untersuchung mit Überstreckung des Kopfes nach hinten führt der Arzt in der Regel eine Ultraschalluntersuchung der Schilddrüse durch. Das Volumen der Schilddrüse beim Mann liegt bei weniger als 24 ml und bei der Frau bei unter 18 ml. Daneben bestimmt der Arzt die Laborwerte (TSH, T3 und T4, eventuell TRH-Test s. S. 30) und führt eine Röntgenuntersuchung des Oberkörpers, eine Schilddrüsen-Szintigraphie (s. S. 30), die über die Funktion der Schilddrüse Auskunft gibt, sowie eventuell eine Punktion der Schilddrüse durch, um Gewebeveränderungen als gut- oder bösartig zu erkennen.

Therapie des Kropfes

In der Regel verschreibt der Arzt Jodtabletten. Zur Kropfprophylaxe verschreibt er meist 100 µg Jod täglich und zur Therapie des Kropfes 200 µg Jod. Hat die Jodtherapie über sechs Monate keinen Erfolg, verordnet der Arzt eine suppressive Therapie mit L-Thyroxin. Oftmals erhalten jüngere Menschen mit einer euthyreoten Struma (ohne funktionelle Autonomie) L-Thyroxin. Bei Schwangeren werden oft Jodid- und L-Thyroxin-Tabletten kombiniert.

Sehr große Kröpfe, die mit Verdrängung und Symptomen wie Schluckbeschwerden einhergehen, werden operativ behandelt. In diesen Fällen kommt es zur teilweisen Entfernung der Schilddrüse. Bei bestimmten Formen des Kropfes wird eine Radiojodtherapie (s. S. 32) durchgeführt.

Erfolgsquoten unter Therapie

60–80 % bei medikamentöser Therapie

90–95 % nach Operation

70–80 % nach Radiojodtherapie

Jod ist auch bei großen Kröpfen nicht gefährlich!

Eine Jodmangelstruma kann unter großer Jodzufuhr eine Hyperthyreose ausbilden. Das kann jedoch nicht durch den Genuss von jodreichen Nahrungsmittel wie Seefisch oder die Verwendung von Jodsalz geschehen. Lediglich jodreiche Röntgenkontrastmittel können zu einer Hyperthyreose führen.

Das in der Nahrung (auch Seefisch) enthaltene oder im Jodsalz befindliche Jod kann nicht zu einer Hyperthyreose führen!

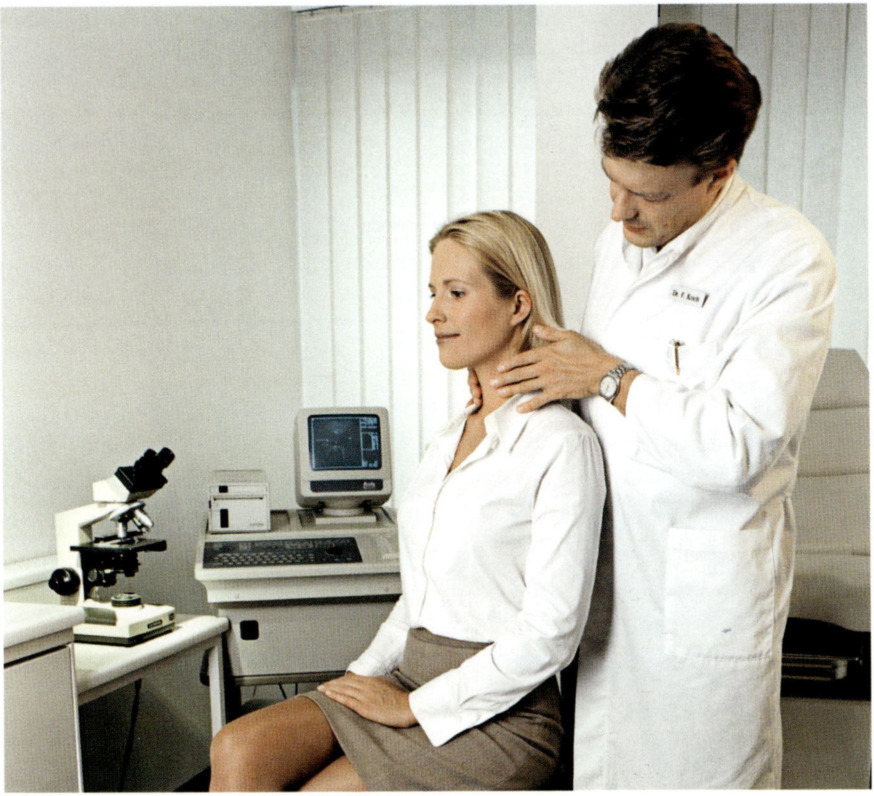

Schilddrüsenuntersuchung

Hände weg jedoch von Jodkonzentraten wie getrocknete Meeresalgen. Ein Kilogramm davon enthält 20 000 bis 4 000 000 Mikrogramm Jod. Das sind bis zu vier Gramm pro Kilogramm Meeresalgen. Ein Kilogramm Jodsalz enthält dagegen nur 25 Milligramm Jod.

0,3 bis 0,8 Prozent der Bevölkerung leiden an Schilddrüsenüberfunktion. Bei älteren Menschen ist sie häufiger als bei jüngeren Menschen. Frauen sind fünfmal häufiger davon betroffen als Männer.

Was ist eine Hyperthyreose?

Als Hyperthyreose wird die Überfunktion der Schilddrüse bezeichnet: Die Schilddrüse produziert also mehr Hormone als der Körper benötigt.

Symptome einer Hyperthyreose

Erhöhte Konzentrationen von Schilddrüsenhormonen führen zu einem starken Abbau von Eiweiß, dem Speicherkohlenhydrat Glykogen sowie von Fetten. Diesen Abbau bezeichnet man als Katabolie. Menschen mit Schilddrüsenüberfunktion sind daher in der Regel sehr schlank. Durch den Abbauprozess steigt die Körperwärmeproduktion, die Herzschlagfrequenz (der Puls) und die Schweißsekretion.

Eine Schilddrüsenüberfunktion lässt sich also an einem niedrigen Körpergewicht, innerer Unruhe, Nervosität, Schlaflosigkeit, starker Gewichtsabnahme, übermäßigem Schwitzen, einem raschen Puls, Haarausfall und einer hohen Wärmeproduktion (oft warme, feuchte Hände) erkennen. Menschen mit einer Hyperthyreose essen viel und nehmen dabei an Gewicht ab. 80 Prozent aller Hyperthyreosepatienten haben eine Struma. Zu den Symptomen im Vergleich mit denen einer Hypothyreose s. S. 23.

Symptome der Hyperthyreose

- niedriges Körpergewicht, starke Gewichtsabnahme trotz Heißhunger
- innere Unruhe, Nervosität, Schlaflosigkeit
- übermäßiges Schwitzen, hohe Wärmeproduktion (oft warme, feuchte Hände)
- rascher Puls
- Haarausfall
- Struma (ca. 80 %)

Folgende Krankheiten gehen mit einer Schilddrüsenüberfunktion einher:

- Die Schilddrüsenautonomie (autonomes Adenom, s. S. 27), die häufig als Folge eines langjährigen Jodmangels entsteht; Autonomie heißt, dass es in der Schilddrüse Zellen gibt – auch in der gesunden Schilddrüse –, die unabhängig sind und nicht durch den Hypothalamus-Hypophyse-Regelkreis (s. S. 14) gesteuert werden können. Erst wenn diese Zellen überhandnehmen, kommt es zur Hyperthyreose.
- Die Basedowsche Krankheit, auch immunogene (durch das Immunsystem hervorgerufene) Hyperthyreose oder Morbus Basedow (s. S. 26) genannt,
- seltener eine Schilddrüsenentzündung oder ein Schilddrüsenkarzinom.

Bei einer Autoimmunkrankheit wie dem Morbus Basedow richtet sich das körpereigene Abwehrsystem gegen den eigenen Körper bzw. die körpereigenen Zellen – beispielsweise der Schilddrüse.

Wie der Arzt eine Hyperthyreose feststellt

Zur Feststellung der Diagnose Schilddrüsenüberfunktion bestimmt der Arzt den TSH-Wert und den der Schilddrüsenhormone T3/T4 im Blut. Daneben nimmt er eine körperliche Untersuchung (Struma) vor, macht eine Sonographie (Ultraschall), um sich ein Bild über die Größe der Schilddrüse zu verschaffen, und ein Szintigramm (Röntgenuntersuchung mit radioaktivem Kontrastmittel, s. S. 30), um die Funktion der Schilddrüse zu prüfen.

Therapie der Hyperthyreose

Ziel der Therapieformen ist es, die Menge an funktionstüchtigem Schilddrüsengewebes so weit zu reduzieren, dass der verbleibende Schilddrüsenrest nicht mehr ausreicht, den Körper mit Schilddrüsenhormonen zu überschwemmen.

Die Therapie besteht aus der medikamentösen Gabe von Thyreostatika (= Schilddrüsenhemmer wie die Substanzen Carbimazol oder Thiamazol). Thyreostatika wirken rein symptomatisch durch die Hemmung der Schilddrüsenhormon-Produktion in der Schilddrüse. Um Rückfälle (Rezidive) auffangen zu können, ist bei allen Schilddrüsenüberfunktionen ein regelmäßiger Kontakt zum Arzt erforderlich. Die Thyreostatika-Dosis muss vom Arzt stets im Auge behalten werden.

Es dauert einige Zeit, bis die medikamentöse Therapie anschlägt und ihre Wirksamkeit entfaltet. Erst nach sechs bis acht Wochen bemerken die Betroffenen eine Wirkung der Tablettentherapie. Die medikamentöse Therapie mit den Thyreostatika erfolgt in der Regel zwölf bis 18 Monate.

Bei großen Kröpfen wird eine Operation zur teilweisen Entfernung der Schilddrüse vorgenommen. Bei nicht operablen Kröpfen oder kleinen bzw. fehlenden Strumen oder einem Rückfall nach Operation führt der Arzt eine Radiojodtherapie durch.

Die Prognose einer Hyperthyreose bei Morbus Basedow (s. S. 26) hängt vom Verlauf des zugrundeliegenden Immunprozesses ab. Der Immunprozess kann während der medikamentösen Thyreostatika-Therapie abklingen. 50 Prozent der Basedow-Hyperthyreosen neigen zur Spontanheilung. Er kann nach Jahren jedoch auch wieder aufflackern. Die Hyperthyreose des Basedow-Typs wird einjährig thyreostatisch behandelt.

Bei der Schilddrüsenautonomie ist das Gewebe autonom geworden, d. h. es verliert diese Fehlregulation nicht mehr. Die überschießende Hormonproduktion nimmt im Verlauf der Zeit eher zu. Eine lebenslange Therapie mit Thyreostatika kommt deshalb nur in Ausnahmefällen in Frage. Kommt es zu einem Wiederaufflackern der Hyperthyreose wird operiert oder mit Radiojod behandelt.

Ist die Verwendung von Jodsalz bei einer Schilddrüsenüberfunktion gefährlich?

Die Antwort ist ein klares Nein! Die derzeitige durchschnittliche Jodaufnahme (Jodsalz, Jod in Lebensmitteln) bereitet den Patienten, die wegen einer Schilddrüsenautonomie oder Basedowscher Krankheit ärztlich behandelt werden, keine Probleme. Allgemein gelten Jodaufnahmen bis zu 300 Mikrogramm (µg) pro Tag, das entspricht dem 1,5-Fachen des täglichen Bedarfs, als verträglich. Auch können Schilddrüsenüberfunktionen durch „Jodverzicht" nicht geheilt, sondern müssen nach Bedarf behandelt werden.

Eine Schilddrüsenüberfunktion durch Autonomie ist bei Erwachsenen mittleren und höheren Alters anzutreffen. Auslöser ist zumeist ein jahrzehntelanger Jodmangel. Wird der Jodmangel weiter erfolgreich bekämpft, können Schilddrüsenautonomien weitgehend ausgemerzt werden.

Eine Problemgruppe sind Patienten mit noch nicht erkannter oder mit nicht behandelter Schilddrüsenüberfunktion. Durch sehr hohe Jodaufnahmen (Medikamente, Röntgenkontrastmittel, Hautdesinfektionsmittel, hochdosierte Nahrungsergänzungsmittel, Genuss bestimmter asiatischer Gerichte) können die Beschwerden einer Schilddrüsenüberfunktion ausgelöst oder aber verschlimmert werden. Die Verwendung von Jodsalz löst solche Beschwerden nachgewiesenermaßen nicht aus.

Was ist eine Hypothyreose?

Eine Unterproduktion von Schilddrüsenhormonen wird als Hypothyreose bezeichnet: Es kommt im Körper zu einem Mangel an Schilddrüsenhormonen. Eine Unterfunktion kann beispielsweise angeboren sein oder durch eine Schilddrüsenentzündung, Operation oder Radiojodbehandlung entstehen. 0,25 bis 1,1 Prozent der Bevölkerung leiden unter einer Schilddrüsenunterfunktion. Mit zunehmendem Alter steigt diese Rate auf bis zu 2,9 % an. Die häufigste Ursache der Schilddrüsenunterfunktion ist eine chronische Schilddrüsenentzündung (Hashimoto-Thyreoiditis). Seltener sind Störungen an anderen Stellen des Hypothalamus-Hypophysen-Regelkreises (s. S. 14).

Einteilung der Hypothyreoseformen

Primäre (thyreogene) Hypothyreose

- Immunbedingt (Hashimoto-Thyreoiditis) – häufigste Ursache einer Schilddrüsenunterfunktion
- postoperativ nach Schilddrüsenentfernung
- nach Radiojodtherapie
- nach/durch Medikamente (Thyreostatika/Lithium)
- durch extremen Jodmangel
- Neugeborenen-Hypothyreose (angeboren durch Fehlanlage der Schilddrüse oder im Mutterleib erworben)

Sekundäre (hypophysäre) Hypothyreose (selten)

- durch Hypophysenvorderlappen-Funktionsstörung

Tertiäre (hypothalamische) Hypothyreose (sehr selten)

- durch eine Funktionsstörung des Hypothalamus

Symptome einer Hypothyreose

Es treten durch herabgesetzte Stoffwechselaktivität Müdigkeit, Lustlosigkeit, Verstopfung, Kälteempfindlichkeit, Gewichtszunahme, eingeschränkte körperliche und oftmals sogar geistige Leistungsfähigkeit auf. Bei einer Hypothyreose fühlt sich die Haut trocken an, das Haar ist trocken und brüchig.

Symptome der Hyper- und Hypothyreose im Erwachsenenalter im Vergleich

Hyperthyreose	Hypothyreose
Grundumsatz erhöht (Gewichtsabnahme)	Grundumsatz erniedrigt (Gewichtszunahme)
eventuell niedriger Cholesterinspiegel	eventuell hoher Cholesterinspiegel
geistig und körperlich lebhaft	geistig und körperlich träge
unruhig	schläfrig
häufiges Schwitzen	Frösteln
Haut feucht, warm und gerötet	Haut trocken, kalt und blass
hervortretende Augäpfel (M. Basedow)	teigige Haut
Blutdruck erhöht	Blutdruck erniedrigt
starkes Herzklopfen	langsamer, schwacher Puls
Appetit erhöht	Appetit erniedrigt
Durchfälle	Verstopfung
schlank bis mager	normal- bis übergewichtig

Bei Schilddrüsenfunktionsstörungen kann es bei der Frau zu Zyklusstörungen kommen. Außerdem sind Libido- und Potenzstörungen sowie eine Verminderung der Fertilität (Empfängnisbereitschaft) möglich.

Angeborene Hypothyreose

Ist die Schilddrüse, beispielsweise durch Jodmangel, schon in der Schwangerschaft fehl- oder gar nicht angelegt, kommt es beim Neugeborenen zu Kretinismus (Schwachsinn oder Idiotie). Daher müssen alle schwangeren Frauen Jodtabletten einnehmen. Selbst bei einem geringen Jodmangel werden die Kinder abnorm klein geboren und können geistig zurückbleiben. Unter Jodmangel sind Fehlgeburten zwei- bis dreimal so häufig wie ohne Jodmangel.

Schwangere Frauen benötigen viel Jod – sonst wird der Fötus geschädigt!

Der Jodbedarf von Schwangeren und Stillenden liegt deutlich über den Bedarf von Nichtschwangeren. Der Fötus beginnt bereits in der zwölften Schwangerschaftswoche Schilddrüsenhormone zu produzieren (und benötigt im Verlauf des Wachstums 50 bis 80 µg Jod) und ist daher auf die Jodzufuhr aus dem mütterlichen Blutkreislauf angewiesen. Während der Schwangerschaft und Stillzeit (von Gynäkologen wird oft schon eine Jodanreicherung in der Konzeptionsphase empfohlen) sollten täglich 200 µg Jod in Tablettenform zusätzlich zur schilddrüsengesunden Ernährung, die mit Jodsalz gesalzen ist, eingenommen werden. Die Zeit der Schwangerschaft ist übrigens auch bei Ödemen oder der sogenannten

Schwangerschaftsgestose (Diabetes) keine Zeit, in der eine salz- oder gar flüssigkeitsarme Ernährung durchgeführt werden sollte.

Empfehlungen in der Schwangerschaft und Stillzeit

- jodreiche Ernährung
- täglich 200 µg Jod in Tablettenform
- ausschließliche Verwendung von Jodsalz (besser fluoridiertes Jodsalz) im Haushalt
- Verwendung von Back- und Wurstwaren sowie Fertiglebensmitteln, die mit Jodsalz hergestellt wurden
- regelmäßiger Verzehr von gegartem Seefisch und Milch (keine Vorzugsmilch, immer pasteurisierte Milch)

Noch besser als fluoridiertes Jodsalz ist fluoridiertes Jodsalz mit Folsäure, einem lebenswichtigen B-Vitamin. In Deutschland leiden praktisch alle Menschen unter Folsäuremangel. Das führt bei schwangeren Frauen oftmals zu einer Fehlgeburt. Folsäuremangel kann auch zum sogenannten offenen Rücken bei den Neugeborenen führen. Außerdem ist eine Unterversorgung mit Folsäure schlecht für die Blutgefäße und das Gehirn.

Wie der Arzt eine Hypothyreose feststellt

Neben einer körperlichen Untersuchung, bei der die genannten Symptome eventuell festgestellt werden können, nimmt der Arzt auch eine Blutuntersuchung vor. Liegt der TSH-Basalwert im Blut unter 0,3 mU/l liegt keine Hypothyreose vor. Liegt er über 3,5 mU/l kann eine Hypothyreose vorliegen, und es muss ärztlicherseits eine weitere Abklärung erfolgen. T3 und T4 sind bei einer Hypothyreose erniedrigt.

Therapie der Schilddrüsenunterfunktion

Die Behandlung der Schilddrüsenunterfunktion macht kaum Probleme. Zum Ausgleich des Schilddrüsenhormonmangels verordnet der Arzt synthetisch hergestellte Schilddrüsenhormone, 100–200 µg L-Thyroxin. Das L steht für Levo: L-Thyroxin = Levothyroxin. Das Ziel der Therapie ist ein normaler TSH-Spiegel. In seltenen Fällen wird auch L-Triiodthyronin oder eine Mischung als L-Thyroxin und L-Triiodthyronin verabreicht.

Unter der Hormonersatztherapie wird und bleibt der Patient euthyreot, er hat also ausreichend Schilddrüsenhormone im Körper. Wichtig ist jedoch, dass die Schilddrüsenhormone lebenslang eingenommen werden müssen.

Eine Besserung der Laborwerte tritt nicht innerhalb weniger Tage ein. Auch die körperlichen Beschwerden nehmen erst langsam ab. Meist sind die Patienten mit Schilddrüsenunterfunktion unter einer Therapie mit L-Thyroxin innerhalb von ein bis drei Monaten beschwerdefrei. Der Arzt überprüft anfänglich in vierwöchigem Rhythmus die Laborwerte. Bei Normalisierung des Hormonspiegels sind nur noch vier Untersuchungen pro Jahr erforderlich.

Was ist der Morbus Basedow?

Bei dieser Form der Schilddrüsenüberfunktion – die der Merseburger Amtsarzt Dr. med. Karl Adolf von Basedow (1799–1884) als Hyperthyreose bezeichnete – schwillt die Schilddrüse gleichmäßig an. Bei der Basedowschen Krankheit handelt es sich um eine Überfunktion, die spontan auftritt.

Der Körper bildet speziell gegen die Schilddrüse gerichtete Antikörper, die diese zu einer gesteigerten Produktion von Schilddrüsenhormonen anregen. Der Morbus Basedow ist durch die sogenannte Merseburger Trias gekennzeichnet: Struma, hervortretende Augäpfel und gesteigerte Herzfrequenz.

Bei dieser Krankheit ist wie bei allen Hyperthyreoseformen der Grundumsatz an Energie (Kalorienbedarf bei Ruhe) stark erhöht, die Betroffenen sind mager, nervös, haben einen raschen Puls und leiden oft unter Verdauungsstörungen. Die charakteristischen Erscheinungen an den Augen – 40 Prozent der betroffenen Patienten haben auffallend hervorstehende, glänzende Augäpfel – entstehen durch Einlagerungen in das Gewebe um das Auge und in die Augenmuskeln.

> Bei Morbus Basedow kann der Augapfel hervortreten.

Die Ursachen des Morbus Basedow sind weitgehend ungeklärt. Frauen sind häufiger von Morbus Basedow betroffen als Männer (5 : 1).

Auch bei Morbus Basedow kann eine normale, in diesem Buch beschriebene schilddrüsengesunde Ernährung eingehalten werden. Auch die Verwendung von moderaten Jodsalzmengen und der Genuss von Seefisch sind erlaubt.

Der Morbus Basedow wird wie eine Hyperthyreose mit schilddrüsenblockierenden Medikamenten (Thyreostatika) behandelt. Die Dauer der Behandlung mit Thyreostatika beträgt meist ein Jahr. Im Einzelfall kann eine Behandlung aber auch über einen kürzeren oder längeren Zeitraum durchgeführt werden. Längere Behandlungszeiten als zwei Jahre sind nicht sinnvoll. Kürzere Behandlungszeiten als sechs Monate führen zu häufigen Krankheitsrückfällen. Bei Rückfällen oder ausgeprägter Augensymptomatik ist die Radiojodtherapie (s. S. 32) oder die operative Entfernung der Schilddrüse Therapie der Wahl.

Die Schilddrüsenautonomie

Bei der Schilddrüsenautonomie entziehen sich Teile der Schilddrüse der Kontrolle des Steuerhormons TSH der Hirnanhangdrüse (Hypophyse) und produzieren in der Folge zu viele Schilddrüsenhormone. Das Gewebe, das die autonomen Areale der Schilddrüse umgibt, schüttet gleichzeitig weniger Hormone aus.

Bei jeder zweiten Schilddrüsenautonomie sind mehrere Bereiche der Schilddrüse betroffen (multifokale Autonomie). Ist nur ein einziges Areal autonom, spricht man von einer unifokalen Autonomie, was bei etwa einem Drittel der Betroffenen der Fall ist. Bei der diffusen Autonomie hält eine „Heerschar“ kleiner autonomer Zellinseln die gesamte Schilddrüse gewissermaßen besetzt, was bei einem Sechstel der Fälle vorkommt.

Rund fünf Prozent der Bevölkerung Mitteleuropas leidet an der Krankheit. Frauen sind fünfmal so häufig betroffen wie Männer. Das Risiko einer Schilddrüsenautonomie steigt mit zunehmendem Alter, sie tritt meist ab dem 50. Lebensjahr auf.

Autonome Areale in der Schilddrüse entwickeln sich häufig aus einem Jodmangelkropf, der knotig wird. Bei einem plötzlichen Überangebot an Jod – etwa bei Reisen ans Meer oder durch Röntgenkontrastmittel – werden die autonomen Teile der Schilddrüse meist überaktiv und produzieren vermehrt Schilddrüsenhormone. Erkannt wird die Schilddrüsenautonomie oft erst durch die Symptome der Schilddrüsenüberfunktion.

Diagnostiziert wird die Autonomie durch eine Blutuntersuchung (Hormone), eine Ultraschalluntersuchung, die Aussage gibt über Größe und Form der Schilddrüse, und eine Szintigraphie (s. S. 30). Die Szintigraphie liefert genauere Befunde über die Form der Schilddrüsenvergrößerung und der Knoten. Sie zeigt, welche Abschnitte der Schilddrüse in ihrer Funktion verändert sind. Als kalte Knoten werden inaktive Gebiete bezeichnet, heiße Knoten sind aktiv. In Zweifelsfällen ist eine Klärung durch eine Schilddrüsenoperation erforderlich. Heiße Knoten entfernt der Chirurg operativ durch Ausschälung aus dem Schilddrüsengewebe. Bei einer bestimmten Form der heißen Knoten (multifokale oder disseminierter Autonomie) ist an erster Stelle einer Radiojodtherapie erforderlich.

Wenn der autonome Teil der Schilddrüse klein und der Stoffwechsel ausgeglichen ist, können regelmäßige Kontrolluntersuchungen reichen. Eine leichte Schilddrüsenautonomie kann auch durch Medikamente (Thyreostatika) behandelt werden, die die Schilddrüsenfunktion unterdrücken. Geheilt werden kann die Krankheit dadurch nicht. Bei schwereren Fällen bleibt manchmal nur eine Radiojodtherapie oder eine Operation.

Wenn die Schilddrüse entzündet ist

Eine Schilddrüsenentzündung bezeichnet der Arzt als Thyreoiditis (-itis = Entzündung). Sie wird von Bakterien, Viren oder am häufigsten durch gegen die eigene Schilddrüse gerichtete Antikörper (Hashimoto-Thyreoiditis) hervorgerufen. Durch eine gestörte oder reduzierte Selbsttoleranz des Abwehrsystems kommt es zu einer Schädigung der Schilddrüsenzellen. Dadurch entsteht nach einiger Zeit eine Unterfunktion der Schilddrüse.

Die Hashimoto-Thyreoiditis

Diese Form der Schilddrüsenerkrankung wurde 1912 nach ihrem Entdecker, dem japanischen Arzt und Pathologen Hakaru Hashimoto (1881–1934), benannt. Die Hashimoto-Thyreoiditis ist eine über Jahre verlaufende, schmerzlose Entzündung der Schilddrüse mit teilweiser oder vollständiger Zerstörung des Schilddrüsengewebes, bedingt durch eine überschießende Abwehrreaktion des Körpers. Die Hashimoto-Thyreoidis trifft Frauen fünfmal häufiger als Männer: Daher werden hormonelle Veränderungen (Missverhältnis Östrogene/Gestagene) als Auslöser diskutiert. Das Erkrankungsalter liegt in

der Regel zwischen dem 40. und 60. Lebensjahr.

Das Befinden des Betroffenen ist kaum beeinträchtigt. Es liegen lediglich leichte Hypothyreose-Symptome vor. Im Labor zeigt sich eine Erhöhung der mikrosomalen Antikörper (MAK), von Thyreoglobulinantikörpern (TAK) sowie initial eine Hyperthyreose und später immer eine Hypothyreose. Die Therapie der Hashimoto-Thyreoiditis ist die gleiche wie die jeder anderen Schilddrüsenunterfunktion. Es werden also Schilddrüsenhormone verabreicht.

Ist die Aufnahme von Jod für Hashimoto-Patienten schädlich?

Wie beschrieben, handelt es sich bei der Hashimoto-Erkrankung um eine Autoimmunkrankheit. Das bedeutet, der Körper bildet gegen sich selbst, nämlich die Schilddrüse, Abwehrzellen. Die verbesserte Jodversorgung ist – obwohl dies oftmals behauptet wird – sicher nicht der Auslöser der Hashimoto-Erkrankung. Vielmehr besteht für die Hashimoto-Thyreoiditis eine erbliche Disposition.

Ein Selenmangel und dadurch bedingt ein zu geringer Schutz der Schilddrüse vor aggressiven Stoffwechselverbindungen kann vermutlich die chronische Entzündung der Schilddrüse noch verstärken. Daher wird Selen auch als „schilddrüsengesundes" Spurenelement bezeichnet. Deutschland ist Selenmangelland, wir nehmen statistisch betrachtet viel zu wenig Selen auf. Beim gesunden Menschen verfügt die Schilddrüse im Vergleich zu anderen Körperorganen über einen hohen Selenvorrat. Die Behandlung der Hashimoto besteht in der Gabe von Schilddrüsenhormonen, oft in Kombination mit Selentabletten.

Eine Jodaufnahme in Höhe des Bedarfs durch Fisch, Milch(produkte), Jodsalz und über Lebensmittel mit Jodsalz bereitet Hashimoto-Patienten nachgewiesen keinerlei Probleme. Nur eine extrem hohe Jodzufuhr (über 300 µg täglich) kann zu einer Erhöhung der entzündlichen Aktivität in der Schilddrüse führen. Daher sollten Hashimoto-Patienten mit aktiver Entzündung vorsorglich auf Jod- und Algentabletten, auf jodhaltige Heilwässer oder japanische Speisen (Sushi etc.) verzichten.

Handelt es sich um eine chronische Entzündung bereits mit einer Inaktivität der Schilddrüse, dann schaden auch hohe Jodmengen nicht mehr, da Jod nicht mehr in die Schilddrüse aufgenommen wird.

Eine kurzfristige Jodbelastung, z. B. im Rahmen einer Röntgenkontrastmittel-Untersuchung, ist unbedenklich. Ein Medikament, das zur Behandlung von Herzrhythmusstörungen eingesetzt wird (Amiodarone) enthält extrem viel Jod (6 mg/Tag werden damit zugeführt). Diese extrem hohen Jodmengen (im Milligrammbereich) können eine Autoimmunthyreoiditis, aber auch Hyperthyreose auslösen. Da dies aber nur in lebensbedrohlichen Situationen gegeben wird, muss eine mögliche Schilddrüsenüberfunktion in Kauf genommen und entsprechend behandelt werden.

Schilddrüsenkrebs ist selten

Jährlich ist mit 30 Fällen pro einer Million Einwohner zu rechnen. Damit erkranken jährlich rund 2400 Menschen in Deutschland am Schilddrüsenkrebs. Frauen sind dreimal so häufig von Schilddrüsenkrebs betroffen wie Männer. Nur 0,5 bis ein Prozent der Krebserkrankungen in Deutschland sind Schilddrüsenkrebse.

Die meisten Formen des Schilddrüsenkrebses können bei rechtzeitiger Diagnosestellung und Behandlung geheilt werden.

Was ist eine Schilddrüsenzyste?

Bei einer Zyste handelt es sich um eine gutartige Gewebeveränderung. Eine Schilddrüsenzyste ist eine Sammelstelle von Flüssigkeit im Inneren der Schilddrüse. Die Zyste wird durch eine weitgehend schmerzlose Punktion entleert. Bei jedem zweiten Patient sind mehrere Punktionen erforderlich.

Diagnostik bei Schilddrüsenerkrankungen

Um Aufschluss über die Aktivität der Schilddrüse zu erhalten, gibt es zahlreiche Testmethoden. Besonders wichtig ist die Messung der Konzentration von T3 und T4 im Blut. Die Verteilung von injiziertem radioaktivem Jod innerhalb der Schilddrüse lässt sich mit dem Szintigramm ermitteln. So erhält der Radiologe eine Darstellung der Lage und Form der Schilddrüse sowie einen Anhalt über die Verteilung der Hormonproduktion in ihr.

Ein wichtiges Diagnoseinstrument – die Szintigraphie

Die Szintigraphie liefert genauere Befunde über die Form der Schilddrüsenvergrößerung und der Knoten. Sie zeigt, welche Abschnitte der Schilddrüse in ihrer Funktion verändert sind. Durch die Szintigraphie können – durch farbliche Darstellung – Knoten sichtbar gemacht werden. Die Strahlenmenge bei der Szintigraphie ist so gering, dass sie zu keiner Schädigung der Körperzellen führen kann.

Vor der Szintigraphie wird eine kleine Menge einer schwach radioaktiven Substanz (123-Jod oder radioaktives Technetium) injiziert, die sich ähnlich wie Jod verhält und von der Schilddrüse aufgenommen wird. Bei der Untersuchung kann der Nuklearmediziner mit einer sogenannten Gammakamera die radioaktive Strahlung aufnehmen und über einen Monitor zeigen. Danach wird das Monitorbild ausgedruckt. Auf dem Monitor zeigen sich aktive Gebiete mit heißen Farben (rot oder gelb) und inaktive Gebiete mit kalten Farben (blau oder violett). Heiße (aktive) Knoten sind Schilddrüsengewebsveränderungen, die unkontrolliert Schilddrüsenhormone produzieren und ans Blut angeben. So kommt es zu einer Schilddrüsenüberfunktion.

Kalte (inaktive) Knoten sind funktionslose Schilddrüsengewebsveränderungen, die keine Hormone produzieren.

Der TRH-Test

Der empfindlichste Parameter des Funktionszustandes der Schilddrüse ist die TSH-Konzentration im Blut (Serum). Zur Überprüfung der Schilddrüsenfunktion führt der Arzt oftmals den TRH-Test durch.

Die Produktion der Schilddrüsenhormone wird durch einen Regelkreis gesteuert: Der Hypothalamus reguliert über das TRH im Hypophysenvorderlappen die

TSH-Ausschüttung. Erhöhte Spiegel der Schilddrüsenhormone wiederum hemmen die TRH-Ausschüttung (s. S. 14).

Der Normalwert von TSH liegt bei 0,3–4,0 mU/l. Nach der Einspritzung von TRH steigt das TSH in Abhängigkeit von der Aktivierung unterschiedlich stark an. Nach der Blutentnahme für das Ausgangs-TSH (der Arzt bezeichnet das als Basal-TSH) werden 200 µg TRH in die Vene injiziert. Nach 20 bis 30 Minuten erfolgt dann die Kontrollabnahme für das TSH. Der Test ist negativ, wenn das TSH um weniger als 1–2 µU/ml ansteigt (Zeichen der Hypophysenvorderlappeninsuffizienz oder Hyperthyreose). Normalerweise liegt der Anstieg des TSH zwischen 2 und 25 µE/ml. Fällt die Steigerung höher aus, liegt eine primäre Hypothyreose vor.

Normalwert Basales TSH
0,3–4,0 mU/l

Normalwert TSH nach TRH-Test
Anstieg um 2,0–25 mU/l

Die Therapie von Schilddrüsenerkrankungen

Medikamente

Zur Jodmangelprophylaxe verschreibt der Arzt meist Jodtabletten: 100 µg Jod täglich; zur Therapie eines Kropfes 200 µg Jod. Hat die Jodtherapie über sechs Monate keinen Erfolg, verordnet der Arzt eine suppressive Therapie mit L-Thyroxin. Oftmals erhalten jüngere Menschen mit einer euthyreoten Struma (ohne funktionelle Autonomie) L-Thyroxin. Bei Schwangeren werden oft Jodid- und L-Thyroxin-Tabletten kombiniert.

Die Therapie einer Hyperthyreose besteht aus der medikamentösen Gabe von Thyreostatika (= Schilddrüsenhemmer wie die Substanzen Carbimazol oder Thiamazol). Thyreostatika wirken rein symptomatisch durch die Hemmung der Schilddrüsenhormon-Produktion in der Schilddrüse. Um Rückfälle (Rezidive) auffangen zu können, ist bei allen Schilddrüsenüberfunktionen ein regelmäßiger Kontakt zum Arzt erforderlich. Die Thyreostatika-Dosis muss vom Arzt stets im Auge behalten werden.

Der Morbus Basedow wird wie eine Hyperthyreose mit schilddrüsenblockierenden Medikamenten (Thyreostatika) behandelt. Die Dauer der Behandlung mit Thyreostatika beträgt meist ein Jahr. Im Einzelfall kann eine Behandlung aber auch über einen kürzeren oder längeren Zeitraum durchgeführt werden. Längere Behandlungszeiten als zwei Jahre sind nicht sinnvoll. Kürzere Behandlungszeiten als sechs Monate führen zu häufigen Krankheitsrückfällen.

Eine leichte Schilddrüsenautonomie kann auch durch Medikamente (Thyreostatika) behandelt werden, die die Schilddrüsenfunktion unterdrücken. Geheilt werden kann die Krankheit dadurch nicht.

Eine Hypothyreose wird mit Hormonersatz (100–200 µg L-Thyroxin) therapiert. Das Ziel der Therapie ist ein normaler TSH-Spiegel. In seltenen Fällen wird auch L-Triiodthyronin oder eine Mischung als L-Thyroxin und L-Triiodthyronin verabreicht.

Die Therapie der Hashimoto-Thyreoiditis ist die gleiche wie die jeder anderen Schilddrüsenunterfunktion. Es werden also Schilddrüsenhormone verabreicht.

Die Radiojodtherapie

Eine Radiojodtherapie kann bei vergrößerter Schilddrüse, heißen Knoten, der Basedowschen Krankheit (Rezidiv) oder dem Schilddrüsenkrebs durchgeführt werden. Radiojod ist eine radioaktive Form des Jods, die vom Körper genauso aufgenommen wird, wie das natürliche in der Nahrung vorkommende Jod. Bei der Radiojodbehandlung wird Radiojod einmalig in Form einer Kapsel oder als Flüssigkeit eingenommen. Nach 24 Stunden hat die Schilddrüse 50 Prozent der eingenommenen radioaktiven Jodmenge aufgenommen und gespeichert. Radiojod ist instabil und zerfällt unter Abgabe von Betastrahlen, die im Schilddrüsengewebe nur maximal zwei Millimeter weit reichen. Die Bestrahlung wird somit von der Schilddrüse praktisch völlig absorbiert. Da das Radiojod bevorzugt in die Zellen aufgenommen wird, die übermäßig Schilddrüsenhormone produzieren (heiße Knoten), gehen diese Zellen durch die Betastahlung zugrunde. Gesundes Schilddrüsengewebe wird weitgehend geschont. Das Radiojod sorgt für eine Entzündung des überaktiven Gewebes. In der Folge der Strahlung und Entzündung vernarbt das Gewebe und ist inaktiviert. Dieser Vorgang nimmt einige Wochen in Anspruch. Aus Strahlenschutzgründen erfolgt die Radiojodbehandlung unter stationären Bedingungen. Der Patient bleibt solange auf der nuklearmedizinischen Therapiestation (drei bis fünf Tage), bis das radioaktive Jod weitgehend aus dem Körper ausgeschieden ist. Nach sechs bis acht Wochen stellt sich eine Normalisierung der Schilddrüsenfunktion ein. Bei nur 20 Prozent der Patienten muss die Radiojodbehandlung wiederholt werden. Beim Kropf führt die Radiojodtherapie zu einer Verkleinerung der Schilddrüse um 30 bis 50 Prozent. Bisher sind – bei über 50-jähriger millionenfacher Anwendung dieser Behandlungsform – keine negativen Auswirkungen beobachtet worden.

Bei der Radiojodtherpaie macht man sich zunutze, dass sich die radioaktiven Jodteilchen nur in den überaktiven Teilen der Schilddrüse anlagern und diese Zellen zerstören. Der Patient erhält dazu eine Kapsel mit der zuvor genau berechneten Dosis an radioaktivem Jod. Das überflüssige radioaktive Jod wird über den Speichel und Urin ausgeschieden. Eine Gefährdung der anderen Organe durch die Strahlenbelastung kann heute weitestgehend ausgeschlossen werden.

Schilddrüsenoperationen

Operationen an der Schilddrüse müssen durchgeführt werden, wenn Kröpfe sehr groß sind, bei heißen und kalten Knoten, der Basedowschen Erkrankung, dem Schilddrüsenkrebs. Nach Einleitung der Narkose entfernt der Chirurg in der Regel die krankhaft veränderten Schilddrüsenanteile bis auf beiderseits kleine Schilddrüsenrestlappen. Unter bestimmten Bedingungen werden nur einzelne, isolierte Knoten aus dem Kropf herausgeschält.

Es ist manchmal unumgänglich, die Schilddrüse durch eine Operation ganz zu entfernen. Man kann auch ohne sie recht gut leben – allerdings nur, wenn die Funktionen der Schilddrüse ersetzt werden. Die Schilddrüsenhormone werden jetzt durch Tabletten zugeführt.

Richtig essen und trinken bei Schilddrüsenerkrankungen

Jod – Voraussetzung für eine gesunde Schilddrüse

Jod ist ein lebensnotwendiger Mineralstoff. Er dient unter anderem dem Aufbau der Schilddrüsenhormone T3 und T4. Jod – genauer anorganisches Jodid – muss dem Körper über die Nahrung zugeführt werden. Erwachsene benötigen in der Regel 200 µg Jod pro Tag (= 200 Mikrogramm Jod = 200 Millionstel Gramm Jod). Im Laufe des Lebens benötigt ein Mensch durchschnittlich rund vier bis fünf Gramm Jod.

Was den Jodbedarf erhöht

Bestimmte Stoffe (strumigene Substanzen) erhöhen den Jodbedarf. Sie sind enthalten in Blumenkohl, Kohl, Rettich, Maniok und Hirse. Auch Umweltfaktoren wie Rauchen, die Nitrataufnahme aus der Nahrung und dem Trinkwasser, Selenmangel sowie bestimmte Arzneimittel erhöhen das Risiko eines Jodmangels.

Im Durchschnitt werden durch das Zusalzen im Haushalt nur zwei Gramm Jodsalz, also nur 40 µg Jod, aufgenommen.

> **Wer dreimal wöchentlich Seefisch isst, jodiertes Salz verwendet und damit hergestellte Produkte verzehrt, muss sich um seine Jodversorgung keine Sorgen machen.**

Diabetiker leiden oftmals unter Jodmangel

Diabetiker haben einen erhöhten Jodbedarf und müssen täglich mindestens 200 µg Jod aufnehmen. Oftmals ist die zusätzliche Einnahme von Jodtabletten erforderlich. Diabetiker verlieren über den Urin verstärkt Jod. Hohe Blutzuckerwerte führen zu einer verstärkten Urinbildung und über den Urin geht dann mehr Jod als beim Gesunden verloren. Besonders bei Kindern und Jugendlichen, die unter Diabetes mellitus leiden, ist auf eine optimale Jodzufuhr zu achten.

Jod ist nicht schädlich und ruft keine Nebenwirkungen hervor

Jod ist ein natürliches Spurenelement. Durch die Verwendung von Jodsalz und den Genuss von damit hergesellten Lebensmitteln sowie die Einnahme von Jodtabletten wird lediglich der Bedarf an Jod gedeckt oder ein Jodmangel ausgeglichen. Damit sind Nebenwirkungen nicht zu erwarten. Speziell eine Jodallergie oder eine Jodakne sind nicht zu befürchten. Auch eine Überversorgung mit Jod ist so unmöglich.

Zu viel aufgenommenes Jod scheiden die Nieren in der Regel über den Urin aus. Eine zehn- bis 20-fach über den Empfehlungen liegende Jodzufuhr (1–2 mg) wird als sicher betrachtet.

Auch bei bestehenden Störungen der Schilddrüsenfunktion ist die Verwendung von Jodsalz und damit hergestellten Lebensmitteln in fast allen Fällen zu befürworten. Bei Jodmangelkropf oder einer Hypothyreose ist die Zufuhr sogar sinnvoll, da es die weitere Kropfvergrößerung hemmt und keine Knoten ausgebildet werden.

Die fälschliche Bezeichnung Jodakne beschreibt eine Reaktion, wie sie als Unverträglichkeitsreaktion auf stark jodhaltige Röntgenkontrastmittel auftreten kann. Dabei reagiert der Körper nicht auf das Jod, sondern auf die Kontrastmittelmoleküle selbst. Aus Ländern (beispielsweise Österreich, Schweiz, Schweden, Finnland oder die USA), in denen bereits seit vielen Jahren Jodsalz verwendet wird, werden diese Befunde bestätigt, denn dort sind keine Probleme mit Jodallergien und -akne oder ähnlichen durch Jod angeblich hervorgerufenen Beschwerden bekannt.

Bei Schilddrüsen mit heißen Knoten kann das Jod aus der Nahrung oder Jodsalz allenfalls eine kaum in Erscheinung tretende Überfunktion hervorrufen. Eine verborgene Überfunktion kann somit gegebenenfalls rechtzeitig erkannt und behandelt werden. Hingegen können sehr hohe Jodmengen, beispielsweise durch Röntgenkontrastmittel, jodhaltige Desinfektionsmittel oder Algenpräparate, bei Patienten mit unbehandelter Hyperthyreose eine krankhafte Überfunktion auslösen.

Röntgenkontrastmittel, jodhaltige Desinfektionsmittel oder Algenpräparate können bei unbehandelter Hyperthyreose eine krankhafte Überfunktion auslösen.

Auch bei Morbus Basedow wird die Krankheit durch Nahrungsjod nicht wesentlich oder gar gefährlich beeinflusst. Allerdings kann es übergangsweise im Rahmen der medikamentösen Behandlung des Morbus Basedow hilfreich sein, die Nahrungsjodmenge zu reduzieren.

Verwendung von Jodsalz ist empfehlenswert bei:

- Schilddrüsenüberfunktion und heißen Knoten (bis 200 µg Jod)
- Morbus Basedow (hier hat Jod in normalen Mengen keinen negativen Einfluss)
- Schilddrüsenunterfunktion, Schilddrüsenentzündung oder Operation der Schilddrüse (Jod verbessert die Hormonproduktion und vermindert jodmangelbedingte Gewebeschäden)
- Allergien oder Akne (können durch Nahrungsjod oder Jodsalz nicht ausgelöst oder verschlimmert werden)
- Schilddrüsenunterfunktion in der Schwangerschaft und Stillzeit (neben der Gabe von Schilddrüsenhormonen ist eine bedarfsgerechte Jodzufuhr erforderlich)

Gegenanzeigen für hohe Joddosen*

- manifeste Hyperthyreose
- latente Hyperthyreose und nachgewiesene Schilddrüsenautonomie
- Schwangerschaft
- bekannte Jodempfindlichkeit

*5-fache Menge des Bedarfs: 1 mg, mit normalen Nahrungsmitteln oder Jodsalz nicht aufzunehmen

Wir versalzen uns nicht das Leben

Die durchschnittliche Speisesalzaufnahme in Deutschland liegt bei nur sechs bis acht Gramm und nicht wie häufig behauptet bei über zwölf Gramm. Die momentane Salzaufnahme liegt im Bereich der internationalen Empfehlungen für die Salzaufnahme. Selbst wenn das gesamte, aufgenommene Salz jodiert wäre, wären nur 160 bis 200 µg Jod enthalten. Jodiertes Speisesalz oder Jodtabletten zur Vermeidung eines Jodmangels sind in normalen Dosierungen völlig ungefährlich. Japaner, Schweizer und Schweden „verkraften" wesentlich höhere Mengen im jodierten Speisesalz ohne Schädigungen. Der Jodgehalt in diesen Ländern ist höher, und es treten keine negativen Folgen auf.

Die konsumierte Salzmenge hat übrigens keinerlei negative Wirkungen auf den Körper. Heute ist bekannt, dass Salz keinen Bluthochdruck auslöst. Daher ist es auch nicht sinnvoll, den Kochsalzver-

zehr bei bestehendem Bluthochdruck übermäßig einzuschränken. Viel wichtiger ist die Normalisierung des Körpergewichts, mehr Bewegung, eine kalium- und magnesiumreiche Kost sowie die Meidung von Alkohol.

Das Jodsiegel des Bundesministeriums für Gesundheit

Der Jodbedarf lässt sich auch beim regelmäßigen Seefischverzehr und der ausschließlichen Verwendung von jodiertem (besser jodiertem und fluoridiertem) Salz nicht decken. Die Lebensmittelindustrie kann seit Mitte 1996 mit Jodsalz hergestellte Lebensmittel als ernährungsphysiologisch sinnvolle (wertvolle) Produkte mit einem Jodsiegel kennzeichnen. Das Jodsiegel weist darauf hin, dass bei der Lebensmittelherstellung Jodsalz verwendet wurde. Das Jodsiegel wurde von der Bundeszentrale für gesundheitliche Aufklärung (BzgA) im Auftrag des Bundesministeriums für Gesundheit entwickelt.

Im Außerhausverzehr und bei Fertiglebensmitteln wird leider nur in 35 Prozent der Fälle Jodsalz verwandt. Achten Sie deshalb beim Kauf von Lebensmitteln auf das Jodsiegel.

Warum unsere Nahrungsmittel von Natur aus jodarm sind

Als in der letzten Eiszeit die Gletscher geschmolzen sind, hat das Schmelzwasser das Jod aus den Böden und Gesteinen ausgewaschen und ins Meer gespült. Dort hat es sich zunächst in den Meerespflanzen und schließlich in den davon lebenden Meeresbewohnern, insbesondere den Fischen, angereichert. Deshalb sind Meeresalgen, Seetang, Meeresfische, Muscheln und andere Meerestiere so jodreich. Jodarm dagegen sind unsere landwirtschaftlichen Nutzflächen und alles, was darauf wächst. Gleiches gilt für die Tiere, die auf jodarmen Böden weiden. Auch unser Trinkwasser enthält kaum Jod.

75 Prozent der Menschen in Deutschland benutzen im Haushalt Jodsalz und nehmen dadurch täglich rund 20 µg Jod zusätzlich auf.

Noch besser als Jodsalz: Jodsalz mit Fluorid

Fluoridiertes Jodsalz enthält neben schilddrüsengesundem Jod auch noch zahn- und knochengesundes Fluorid. Es beugt somit nicht nur jodmangelbedingten Schilddrüsenkrankheiten vor, sondern ist gleichzeitig auch ein wirksamer Schutz der Zähne vor Karies. Fluorid ist neben der Zahnschmelzhärtung und Abwehr von Bakterienangriffen auch für die Knochen wichtig. Fluorid ist neben Kalzium und Vitamin D ein notwendiger Bestandteil der Osteoporosevorbeugung und -therapie. Damit auch die Zähne gesund bleiben, sollten Sie Jodsalz mit Fluorid verwenden.

Fluorid-Ionen härten den Zahnschmelz und machen ihn so gegen Karies widerstandsfähiger. Umgekehrt faulen Zähne bei niedriger Fluoridzufuhr schneller. In Deutschland ist die Versorgung mit Fluorid im Durchschnitt noch schlechter als die mit Jod. Daher hat in Deutschland fast jeder kariesgeschädigte Zähne, und Karies ist mit jährlich rund 12 Milliarden Euro Kosten die teuerste Einzelerkrankung in Deutschland. Das liegt aber nicht nur an der mangelnden Mundhygiene und dem häufigen Verzehr von klebrigen zuckerhaltigen Lebensmitteln, sondern auch am Fluoridmangel. Da die meisten Lebensmittel und leider auch das Trinkwasser in fast allen Regionen Deutschlands fluoridarm sind, sollte man zum moderaten Salzen ausschließlich Jodsalz mit Fluorid verwenden. Mit fluoridiertem und jodiertem Salz lässt sich die Fluoridlücke einfach, preiswert und gefahrlos schließen. Auf Zutatenlisten werden Sie vergeblich

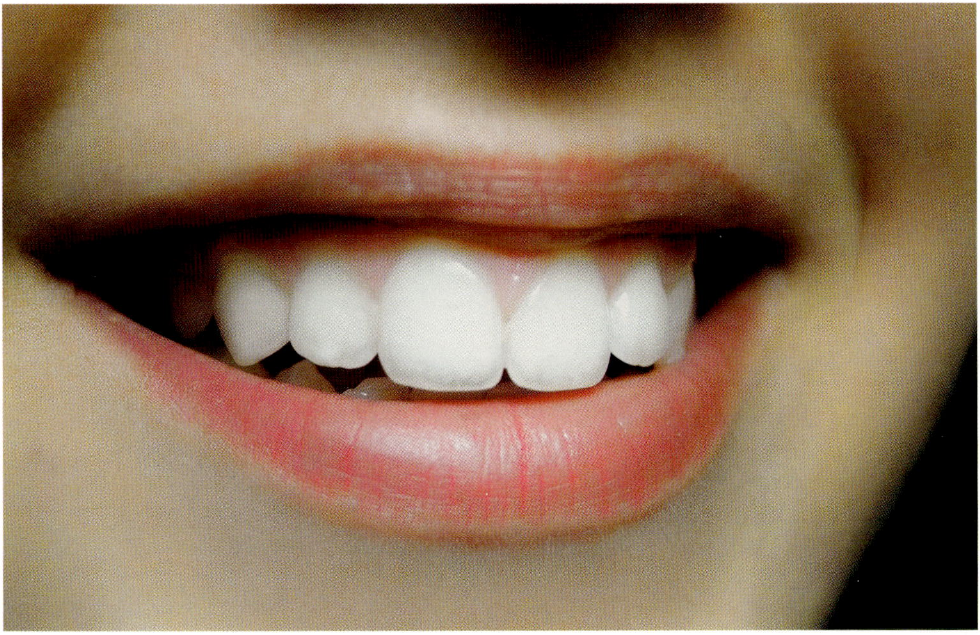

nach fluoridiertem Salz suchen. Die Lebensmittelindustrie und leider auch die Gemeinschaftsverpflegung verwenden noch kein Jodsalz mit Fluorid. Tun Sie es – Ihrer Schilddrüse und Ihren Zähnen zuliebe. Jodsalz sieht wie normales Salz aus und schmeckt sowie würzt auch wie solches. Es sollte von allen Menschen kompromisslos anstelle von Normalsalz im Haushalt verwendet werden: beim Kochen, Braten, Dünsten, Backen, beim Salzen fertiger Lebensmittel und schließlich auch beim „moderaten" Nachsalzen bei Tisch. Sogenanntes Reformsalz und

Hitliste der jodreichen Lebensmittel			
1.	Lebertran	860,0 µg/100 g	882,6 kcal/100 g
2.	Schellfisch, frisch, gegart, Fischzuschnitt	190,0 µg/100 g	91,3 kcal/100 g
3.	Kabeljau, tiefgefroren, gegart	133,0 µg/100 g	89,6 kcal/100 g
4.	Garnele, frisch	130,0 µg/100 g	101,6 kcal/100 g
5.	Jakobsmuschel	120,0 µg/100 g	77,0 kcal/100 g
6.	Kaviarersatz	118,0 µg/100 g	101,8 kcal/100 g
7.	Fischfrikadelle	111,4 µg/100 g	107,2 kcal/100 g
8.	Fischfilet, gebraten	105,5 µg/100 g	115,8 kcal/100 g
9.	Miesmuschel, Konserve in Öl	102,0 µg/100 g	225,4 kcal/100 g
10.	Dorschartige Fische, gegart	93,0 µg/100 g	95,4 kcal/100 g
11.	Krebstiere (Krustentiere), gegart	89,0 µg/100 g	93,2 kcal/100 g
12.	Krabbe, klein (Shrimps), gegart	89,0 µg/100 g	93,2 kcal/100 g
13.	Miesmuschel, frisch, gegart	89,0 µg/100 g	68,8 kcal/100 g
14.	Rotbarsch, frisch, gegart, Fischzuschnitt	76,0 µg/100 g	125,5 kcal/100 g
15.	Hummer, frisch, gegart	68,0 µg/100 g	88,2 kcal/100 g
16.	Matjeshering, gesalzen	63,0 µg/100 g	282,0 kcal/100 g
17.	Sprotte, geräuchert	60,0 µg/100 g	225,6 kcal/100 g
18.	Auster, frisch	58,0 µg/100 g	63,1 kcal/100 g
19.	Sprotte, frisch	55,0 µg/100 g	214,6 kcal/100 g
20.	Chester	52,0 µg/100 g	367,6 kcal/100 g

Meersalz sind in der Regel nicht zur Beseitigung des Jodmangels geeignet, weil sie zu geringe Jodmengen enthalten. Nur jodiertes Meersalz (im Reformhaus erhältlich) enthält genauso viel Jod wie jodiertes Salz. Ideal für die Gesundheit ist fluoridiertes Jodsalz, das neben Jod und Fluiorid auch noch das lebenswichtige B-Vitamin Folsäure enthält. Da Folsäure gelblich ist, ist das damit angereicherte Salz leicht gefärbt.

Hitliste der jodarmen Lebensmittel			
1.	Rote Bete, Sauerkonserve	1,0 µg/100 g	30,4 kcal/100 g
2.	Haselnuss, frisch	1,0 µg/100 g	636,2 kcal/100 g
3.	Colagetränke (coffeinhaltig)	1,0 µg/100 g	60,7 kcal/100 g
4.	Limonaden	1,0 µg/100 g	41,6 kcal/100 g
5.	Porree, frisch, gegart	1,0 µg/100 g	22,9 kcal/100 g
6.	Tomate, rot, frisch	1,0 µg/100 g	17,4 kcal/100 g
7.	Margarine, pflanzlich (Linolsäure 30–50 %)	1,0 µg/100 g	709,8 kcal/100 g
8.	Kaffee mit Milch (Getränk)	1,0 µg/100 g	4,1 kcal/100 g
9.	Tee, schwarz, mit Milch (Getränk)	1,0 µg/100 g	2,4 kcal/100 g
10.	Pfirsich, frisch	1,0 µg/100 g	40,6 kcal/100 g
11.	Weizenmehl Type 1050	1,0 µg/100 g	334,1 kcal/100 g
12.	Putenfleisch mit Haut	1,0 µg/100 g	216,3 kcal/100 g
13.	Zartbitterschokolade	1,0 µg/100 g	496,7 kcal/100 g
14.	Konfitüre, Gelee, Marmeladen	1,0 µg/100 g	279,6 kcal/100 g
15.	Cervelatwurst	1,0 µg/100 g	369,5 kcal/100 g
16.	Schwein, Schnitzel	1,0 µg/100 g	107,1 kcal/100 g
17.	Rind/Schwein, Hackfleisch, gegart	1,0 µg/100 g	239,2 kcal/100 g
18.	Hamburger	0,7 µg/100 g	224,6 kcal/100 g
19.	Fleischsalat	0,4 µg/100 g	195,8 kcal/100 g
20.	Nudeln, Spätzle	0,4 µg/100 g	126,0 kcal/100 g

Feind der Gesundheit: Übergewicht

Menschen, die übergewichtig sind, können unter einer Schilddrüsenunterfunktion leiden. Menschen, die trotz einer Reduktionskost nicht abnehmen oder bei geringer Kalorienaufnahme zunehmen, sollten die Schilddrüsenfunktion beim Internisten überprüfen lassen. Übergewichtige sollten prinzipiell ausreichend Jod aufnehmen, um genügend stoffwechselaktivierende Schilddrüsenhormone produzieren zu können. Während einer Reduktionskost sollte mit dem Arzt die Einnahme von Jodtabletten besprochen werden.

Übergewicht ist grundsätzlich ein Feind der Gesundheit. Viele Menschen, die unter Übergewicht leiden, essen falsch: Schokolade, Zucker, Weißmehlprodukte und Kuchen lassen das Körpergewicht ansteigen und Fett ansetzen. Eine Ernährungsumstellung auf eine Kost, die reich an Obst, Gemüse, Salat, Hülsenfrüchten, Vollkornprodukten, Seefisch und Kartoffeln ist, lässt die Pfunde schwinden, denn Ballaststoffreiches ist in der Regel kalorienarm, aber reich an fitmachenden Vitaminen und Mineralstoffen.

Unerwünschte Gewichtsabnahme und Schwierigkeiten beim Abnehmen?

Zunehmen ist genauso schwer wie abnehmen. Dicke Menschen nehmen schwer ab und dünne Menschen nehmen schwer zu. Oftmals ist ein ungewollter Gewichtsverlust oder eine Schwierigkeit zuzunehmen auf eine Schilddrüsenüberfunktion zurückzuführen. Da ein rascher ungewollter Gewichtsverlust prinzipiell ein Grund für einen Arztbesuch ist, sollte

hier nicht länger als zwei Wochen abgewartet werden. Ein Schilddrüsentest ist einfach durchgeführt und die Behandlung einer Überfunktion durch den Arzt möglich. Ist der Spiegel an Thyroxin und/oder Triiodthyronin zu hoch, führt das zum Gewichtsverlust, da darunter bestimmte Stoffwechselvorgänge beschleunigt sind. Es kommt zu Veränderungen im Kohlenhydrat-, Eiweiß- und Fettstoffwechsel, und gleichzeitig werden die Herzfrequenz und Wachstumsprozesse beschleunigt. Die Erhöhung des Energiegrundumsatzes führt zur Gewichtsabnahme.

Wie viel Energie – oder genauer Kalorien – Sie benötigen

Der Energieverbrauch und die Energiezufuhr bestimmen unser Körpergewicht. Liegt der Verbrauch niedriger als die Zufuhr, steigt das Körpergewicht an und Sie nehmen zu. Ist das Verhältnis genau umgekehrt – wie das bei der schilddrüsengesunden Ernährung oft der Fall ist – nehmen Sie an Körpergewicht und Körperfett ab. Übergewicht ist danach ein Bilanzproblem. Im Alter nimmt übrigens bei jedem Menschen der Energiebedarf ab. Das liegt daran, dass im Alter die Muskelmasse abnimmt. Die Muskulatur benötigt viel Energie.

Das Körpergewicht wird heute anhand des sogenannten Körpermassenindex (= Body-Mass-Index, BMI) bewertet. Dieser berechnet sich aus dem Körpergewicht im Verhältnis zur Körpergröße zum Quadrat. Sie können Ihren Body-Mass-Index leicht aus der Grafik unten stehenden Grafik ablesen und auf einen Blick feststellen, ob Ihr Gewicht im grünen, gelben oder roten Bereich liegt. Bilden Sie dafür den Schnittpunkt aus Ihrer Körpergröße und Ihrem Körpergewicht.

$$\frac{\text{Körpergewicht in kg}}{\text{Körpergröße in m} \times \text{Körpergröße in m}}$$

Body-Mass-Index

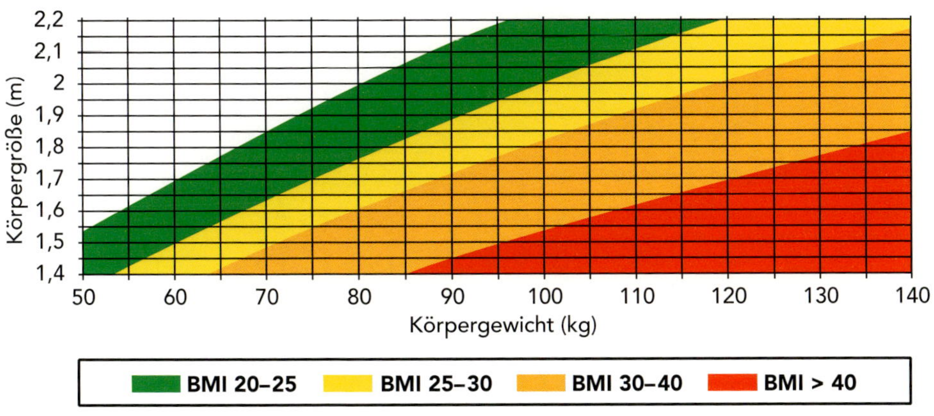

Gesunde Ernährung – richtig abnehmen bei Schilddrüsenkrankheiten

Nach jahrelangen Diskussionen um die richtige Reduktionskost ist klar, dass eigentlich nur eine fettarme Ernährungsweise zur Gewichtsabnahme (Körperfettmassereduktion) führen kann. Fett macht fett. Ein Gewichtsverlust von 500 Gramm wöchentlich ist dabei ernährungsmedizinisch empfehlenswert. Die Energiezufuhr bei einer reduzierten Kost liegt idealerweise zwischen täglich 1200 und 1800 Kilokalorien. Wichtig ist es, auf die richtige Balance von Kohlenhydraten, Eiweißen und Fetten zu achten.

Wer bei einer Kalorienzufuhr von 1000 Kilokalorien und weniger innerhalb von vier bis sechs Wochen nicht abnimmt, leidet wahrscheinlich unter einer hormonellen Störung. Oftmals liegt hier eine Schilddrüsenunterfunktion vor.

Kohlenhydrate

Die direkte Energieversorgung des Körpers – über den Blutzucker – stammt aus kohlenhydratreichen Nahrungsmitteln wie Getreideprodukte (Vollkornbrot und -brötchen, Vollkornreis sowie Vollkornnudeln ist dabei der Vorzug vor Weißmehlprodukten zu geben), Gemüse, Salat, Kartoffeln und Obst (frischen Produkten und oftmals Rohkost ist dabei der Vorzug zu geben) sowie Zucker, der im Übermaß aufgenommen das Körpergewicht erhöht und Karies hervorrufen kann – im Zweifelsfall ist hier weniger mehr. Diabetiker verwenden anstatt Zucker Süßstoffe, die gesundheitlich unbedenklich sind und

übrigens auch keinen Appetit hervorrufen. Mit Ausnahme von Zucker und Zuckerreichem sind kohlenhydratreiche Nahrungsmittel gesund und relativ kalorienarm. Durch Kohlenhydrate dick zu werden ist nur schwerlich möglich. Obst, Gemüse, Kartoffeln und Getreideprodukte sind reich an wertvollen Ballaststoffen und somit ein wichtiger Bestandteil der Ernährung. Der Darm ist auf Ballaststoffe angewiesen, um funktionieren zu können.

Ballaststoffe halten fit und gesund

Die Deutsche Gesellschaft für Ernährung empfiehlt täglich mindestens 30 Gramm Ballaststoffe, vorwiegend aus Vollkorngetreideprodukten stammend, aufzunehmen. Die Häufigkeit von Verdauungsstörungen ist insbesondere darauf zurückzuführen, dass die durchschnittliche Ballaststoffaufnahme bei nur 24 Gramm liegt. Beim Verzehr von Ballaststoffen mit Getreideprodukten wie Vollkornbrot, Haferflocken oder Vollkornnudeln werden diese zum Teil unverändert mit dem Stuhl ausgeschieden, der Rest wird jedoch als Nahrung von den Mikroorganismen der Darmflora verwertet. Das regt die Darmfunktion an und das Stuhlvolumen erhöht sich spürbar. 30 Gramm Ballaststoffe sind beispielsweise in zwei Scheiben Vollkornbrot, zwei mittelgroßen Äpfeln, drei hühnereigroßen Kartoffeln, einer Portion Sauerkraut und einer kleinen Schüssel Rettichsalat enthalten. Der Energiegehalt liegt bei nur 525 Kilokalorien.

Ballaststoffreiche Lebensmittel sind „Satt- und Schlankmacher", die wenig Energie, aber reichlich lebensnotwendige Vitamine, Mineralstoffe und Spurenelemente sowie sekundäre Pflanzeninhaltsstoffe enthalten. Ballaststoffe senken den Cholesterinspiegel, glätten den Blutzucker nach dem Essen, machen satt, beugen Darmkrebs vor und binden Giftstoffe im Darm. Mehr Ballaststoffe = mehr Gesundheit.

Eiweiße

Eiweiß wird wissenschaftlich als Protein bezeichnet und ist für unseren Organismus lebensnotwendig. Es dient dem Körper als Baustoff für die Muskulatur, aber auch zur Bildung zahlreicher Hormone (beispielsweise Insulin) und Enzyme, beispielsweise die, die für die Verdauung notwendig sind. Gesunde und Menschen mit Schilddrüsenkrankheiten sollten ihren Eiweißbedarf über pflanzliche Nahrungsmittel, fettarme Milch, Milchpro-

dukte, Seefisch und mageres Fleisch sowie Wurstwaren decken. Diese Lebensmittel sind Bestandteil einer schilddrüsengesunden Ernährung.

Fette

Fett ist der energiereichste Nährstoff (ein Gramm Fett hat doppelt so viele Kalorien wie Kohlenhydrate oder Eiweiß), Fett macht also fett! Verwenden Sie ausschließlich hochwertige Vitamin-E-reiche Pflanzenöle und Diät- oder Reformmargarine. Oliven- und Rapsöl haben einen sehr hohen Gehalt an einfach ungesättigten Fettsäuren, die die Gefäße schützen.

Übergewichtige profitieren von einer äußerst sparsamen Verwendung der genannten Fette. Auf fettreiche tierische Produkte wie Bauchfleisch, Bratwürstchen, Teewurst oder Leberwurst sowie fette Süßigkeiten (Nugat, Nuss-Nugat-Creme, Schokolade, Torte oder Marzipan) sollten sie verzichten. Ideale Fette sind Raps-, Lein- und Nussöl. Als Aufstrichfett ist phytosterinhaltige Margarine optimal, die durch die Phytosterine den Cholesterinspiegel – insbesondere

das gefäßschädigende LDL – wirksam senkt.

Vitamine und Mineralstoffe

Mediziner und Diätassistenten unterscheiden wasserlösliche und fettlösliche Vitamine. Neben den Mineralstoffen, die Fachleute in Mengen- und Spurenelemente einteilen, sind diese energiefreien Nahrungsinhaltsstoffe lebensnotwendig. Der Mensch kann Vitamine und Mineralstoffe nicht selbst herstellen und ist daher auf die tägliche Aufnahme angewiesen. Im Rahmen einer ballaststoffreichen, gesunden Ernährungsweise liegt die Zufuhr der meisten Vitamine und Mineralstoffe im „grünen Bereich". In der Durchschnittsbevölkerung gibt es oftmals einen Mangel an Fluorid, Jodid, Zink und Magnesium.

Bei den Vitaminen findet häufig eine mangelhafte Zufuhr an B-Vitaminen (insbesondere Folsäure). Ältere Menschen leiden oftmals an einem Vitamin-D-Mangel. Die regelmäßige Einnahme von einem Multivitaminmineralstoffpräparat ist auch bei einer gesunden Ernährung empfehlenswert. Diabetiker leiden häufig unter einem Jod-, Zink-, Magnesium- und Chrommangel.

Richtig trinken

Jeder Mensch sollte täglich mindestens zwei Liter trinken. Bei einer ballaststoffreichen Ernährung müssen es sogar 2,5 Liter täglich sein. Im Gegensatz zu zuckerreichen Limonaden und Colagetränken sind insbesondere Mineralwasser, Früchtetee und süßstoffgesüßte Limonaden zu empfehlen.

Täglich sollten nicht mehr als vier Tassen nicht zu stark gekochter Schwarztee oder Kaffee getrunken werden. Mineralwasser versorgt Sie nicht nur mit Flüssigkeit, sondern auch mit lebensnotwendigen Mineralien. Einige Mineralwässer – auch Heilwässer – enthalten größere Jodmengen. Die Analyse auf der Flasche gibt darüber Auskunft. Mit Kohlensäure aufgesprudeltes Wasser (sogenannte Soda-Streamer) ist Mineralwasser von der gesundheitlichen Wertigkeit und dem Geschmack deutlich unterlegen. Auf Wasserfilter, die sich zu Keimbomben entwickeln können, sollten Sie völlig verzichten.

Milch und Milchprodukte sind relativ jodreich, da die Euter mit einem jodhaltigen Desinfektionsmittel behandelt werden und das Jod – auch das aus dem Futter – in die Milch übergeht.

Alkohol ist ein Gift

Alkohol ist ein energiereicher Stoff und liefert fast so viele Kalorien wie Fett. Ernährungsmediziner stellen daher fest, dass Alkohol die Entstehung von Übergewicht fördert, da er selbst reichlich Energie liefert und gleichzeitig den Fettabbau im Stoffwechsel hemmt. Alkoholika haben keinen direkten Einfluss auf die Schilddrüsenfunktion. Alkoholika sind jodarm.

Vor dem regelmäßigen Alkoholkonsum muss hier dringend gewarnt werden, denn Alkohol ist ein gefährliches Gift, das abhängig macht. Die gesundheitsförderlichen Aspekte, die insbesondere Wein oft zugeschrieben werden, liegen deutlich hinter den gesundheitsschädlichen Effekten von Alkoholika. Also: Weniger Alkohol ist mehr.

15 Tipps für das tägliche Leben

Auf den folgenden Seiten haben wir für Sie 15 Tipps zusammengestellt. Diese praxisbezogenen Ratschläge sollen Ihnen helfen, Ihr Essen und Trinken in die richtige Bahn zu lenken. Sie sollen einerseits dazu dienen, Ihnen die Auswahl zu erleichtern und andererseits dafür sorgen, dass Sie weiterhin mit Genuss essen können. Einige Tipps sind für Sie und Ihre ganze Familie wichtig, denn Sie schützen Ihre Gesundheit. Versuchen Sie Ihren Speiseplan nur langsam und schrittweise auf eine schilddrüsengesunde Kost umzustellen!

1 Trinken Sie jeden Tag mindestens zwei, besser 2,5 Liter Flüssigkeit. Das sind beispielsweise 4 Tassen Früchtetee (500 ml), 2 Gläser Tomatensaft (schützen laut Bundesforschungsanstalt für Ernährung vor Krebs, 400 ml), 2 Gläser Kefir (400 ml), 1 Glas Orangensaft (200 ml) und 1 Flasche Mineralwasser (700 ml). Ihr Körper wird es Ihnen danken!

2 Essen Sie sich satt an pflanzlichen Nahrungsmitteln, denn nur Pflanzen liefern die darmgesunden Ballaststoffe. Die Mengen sind einfach einzuhalten. Essen Sie täglich mindestens 500 g Obst (beispielsweise 3 mittelgroße Äpfel und eine Kiwi), 500 g Gemüse (beispielsweise 1 große Portion – halber Teller voll – Möhrengemüse, ein großer Tomatensalat – ein Teller voll), 200 g Kartoffeln oder Vollkornreis/-nudeln sowie 4 Scheiben Vollkornbrot.

3 Versuchen Sie doch einmal gekochte Roggen-, Weizen-, Dinkel- oder Hirsekörner als Beilage zum Mittagessen. Die Zubereitung ähnelt der von Reis. Die Garzeit beträgt rund 35 bis 45 Minuten. Mittlerweile sind auch aromatisch-lecke-

re Getreidemischungen im Reformhaus erhältlich. Vollkorngetreide ist eine Wohltat für den Darm, den Stoffwechsel und die Waage, denn Vollkorngetreide macht satt, ist kalorienarm, senkt den Cholesterinspiegel und erleichtert das Abnehmen.

4 Mit fluoridiertem Jodsalz mit Folsäure beugen Sie jodmangelbedingten Schilddrüsenerkrankungen und fluoridmangelbedingter Karies vor. Aber: Salzen Sie nicht zu viel. Nachsalzen ist in der Regel nicht erforderlich. Probieren Sie immer, bevor Sie nachsalzen.

5 Bevorzugen Sie beim Einkaufen Lebensmittel, die mit Jodsalz hergestellt sind. Viele dieser Nahrungsmittel tragen das Jodsiegel (s. S. 36) vom Bundesministerium für Gesundheit. Achten Sie auch beim Bäcker und beim Fleischer auf den Hinweis „mit Jodsalz hergestellt".

6 Salate sind gesund. Aber ein Salat ist nur dann gesund, wenn das Dressing nicht aus der Flasche kommt oder schlicht Mayonnaise oder Remoulade ist. Nachfolgend zwei Grundrezepte für Salatdressing.

Grundrezept Essig-Öl-Marinade (1 Portion):

- 1 EL Öl (beispielsweise Walnuss-, Haselnuss- oder Kürbiskernöl)
- 1 EL Essig (beispielsweise Himbeer-, Champagner- oder Sherryessig)
- 1 EL Wasser
- ½ TL Senf (beispielsweise Dijonsenf)
- ½ kleine Zwiebel oder Schalotte
- evtl. ½ Knoblauchzehe
- frisch gemahlener bunter Pfeffer, fluoridiertes Jodsalz, Zucker oder Süßstoff nach Belieben
- frisch gehackte Kräuter

Essig und Öl mit Wasser und den Gewürzen, der Zwiebel (oder Schalotte) sowie den gewaschenen Kräutern zu einem Dressing vermengen.

Grundrezept Joghurt-Marinade (1 Portion):

- 2 EL Naturjoghurt, Kefir, Dickmilch 1,5 % Fett oder Buttermilch
- 1 TL Walnussöl
- 1 EL Zitronensaft
- 1 EL Wasser
- ½ kleine Zwiebel oder Schalotte

- evtl. ½ Knoblauchzehe
- frisch gemahlener weißer Pfeffer, fluoridiertes Jodsalz, Zucker oder Süßstoff nach Belieben
- frisch gehackte Kräuter

Joghurt (Kefir etc.) und Öl mit Wasser, Zitrone und den Gewürzen, der Zwiebel (oder Schalotte) sowie den gewaschenen Kräutern zu einem Dressing vermengen.

7 Hülsenfrüchte aß man früher regelmäßig. Heute leider nicht mehr. Dabei sind Hülsenfrüchte echte Ballaststoffbomben mit reichlich Vitaminen und Mineralstoffen. Dabei sind sie nahezu fettfrei und kalorienarm. Also: Essen Sie regelmäßig leckere Hülsenfruchteintöpfe.

8 Bauen Sie regelmäßig Seefisch in Ihren Speiseplan ein. Mindestens zweimal, besser dreimal in der Woche sollte Seefisch auf Ihrem Teller sein. Denn Seefische liefern das lebenswichtige Jod zur Vermeidung von Schilddrüsenkrankheiten. Probieren Sie unsere zahlreichen, kreativen Vorschläge zur Zubereitung von Fisch, wie wäre es beispielsweise mit einem exotischen Fischragout (Rezept s. S. 107) als Mittagessen?

9 Jodreichere Gemüsesorten sind Broccoli, Champignons, Grünkohl, Rotkohl, Fenchel, Spinat, Endiviensalat und Feldsalat. Planen Sie diese Gemüsesorten in Ihren Speiseplan mit ein und sorgen Sie somit dafür, dass Jod zusätzlich über Gemüse und Salate aufgenommen wird.

10 Bevorzugen Sie Käse, denn Käse liefert wichtiges Kalzium für starke Knochen. Besonders Frauen sind häufig von der Krankheit Osteoporose betroffen. Zwei Scheiben Emmentaler liefern bereits über die Hälfte der täglich notwendigen Kalziumaufnahmemenge. Außerdem ist auch Käse ein relativ jodreiches Lebensmittel. Zwei Scheiben Emmentaler enthalten rund 25 Mikrogramm Jod.

11 Pflanzliche Samen oder Nüsse liefern reichlich gesunde Ballaststoffe, Mineralstoffe (sogar Jod) und Vitamine (insbesondere fettlösliche Vitamine). Bestreuen Sie Ihr Müsli oder Ihren Fruchtjoghurt mit grob gehackten und trocken in der Pfanne angerösteten Sonnenblumen-, Kürbiskernen, Leinsamen, Sesam oder Cashewkernen. Bei Übergewicht verzichten Sie aber besser auf die fettreichen Nüsse.

12 Frische Kräuter verbessern das Aroma von Speisen und machen Sie bekömmlicher. Mittlerweile können Sie auch im Winter durchgehend frische Kräuter erhalten. Informieren Sie sich in Ihrem Lebensmittel- oder besser Gemüsegeschäft. Viele Supermärkte bieten tiefgefrorene, gehackte Kräuter an. Diese lassen sich ganz leicht portionieren. Bei einem eigenen Garten können Sie sich die Kräuter ganz einfach selbst einfrieren.

13 Achten Sie bei gekörnter Brühe darauf, dass Sie mit fluoridiertem Jodsalz hergestellt wurde. Sie können sich ganz leicht anhand der Zutatenliste informieren, welches Salz für die Brühe verwendet wurde. Gemüsebrühe eignet sich besser für Menschen mit erhöhten Blutfettwerten und erhöhten Harnsäurewerten, denn sie enthält kein tierisches Fett, Cholesterin und auch keine Purine.

14 Füllen Sie Gemüse mit einem bunten Garnelenreis. Das bringt Abwechslung und Jod in Ihren Speiseplan. Rechnen Sie pro Portion 3 EL Garnelen und 50 g Naturreis. Kochen Sie diesen in 150 ml Gemüsebrühe und geben Sie kurz vor dem Ende der Garzeit die Garnelen dazu. Nach Belieben können Sie noch bunte Gemüsewürfel untermischen und den Reis danach in einer ausgehöhlte und vorgegarte Paprikaschote, Gemüsezwiebel, Zucchini oder Fleischtomate füllen. Kurz im Backofen überbacken und heiß servieren. Dazu passt ein frischer Dill-Quark.

15 Die Grillzeit bietet auch für Fischfans tolle Möglichkeiten. Grillen Sie in Knoblauch-Oliven-Öl eingelegte Garnelenschwänze, auf Spieße gesteckte Fischstücke und Gemüsestücke oder ganz einfach ein in Kräuter-Oliven-Öl eingelegtes Fischfilet.

LECKERE FRÜHSTÜCKS-IDEEN

Ein gutes Frühstück bringt Sie nicht nur mit Schwung in den Tag, sondern versorgt Sie außerdem mit wichtigen Nährstoffen, wie Ballaststoffen, Vitaminen und Mineralstoffen. Somit bleiben Sie lange satt und aktiv.

Jodhaltige Frühstückszutaten sind Milchprodukte und Brot oder Brötchen, die mit Jodsalz gebacken wurden.

Unsere Frühstücksbeispiele sind je nach Lust und Laune frei abwandelbar. Probieren Sie unsere Vorschläge aus und entdecken Sie die Energie, die darin steckt.

Fruchtmüsli

gelingt leicht

Zutaten für 1 Portion
3 EL Vollkornhaferflocken
3 EL Naturjoghurt, 1,5 % Fett
150 ml Milch, 1,5 % Fett
1 TL Zucker
2 Aprikosen
1 EL Himbeeren, tiefgekühlt
Zubereitungszeit: 15 Minuten

Zubereitung

Die Haferflocken mit Joghurt, Milch und Zucker verrühren und 5 Minuten quellen lassen.

Die Aprikosen waschen und in kleine Stücke schneiden. Die Himbeeren auftauen lassen.

Das Obst über die gequollenen Haferflocken geben und gleich servieren.

Eine Portion enthält:

283 Kilokalorien/1183 Kilojoule
12 g Eiweiß
6 g Fett
44 g Kohlenhydrate
5 g Ballaststoffe
18 µg Jod

Beerendrink

gelingt leicht

Zutaten für 1 Portion
4 EL Himbeeren, tiefgekühlt
1 EL Zucker
150 ml Kefir, 3,5 % Fett

Zubereitungszeit: 5 Minuten
Antauzeit: 15 Minuten

Zubereitung

Die Himbeeren antauen lassen und mit Zucker bestreuen.

Den Kefir zusammen mit den Himbeeren in ein Mixglas geben und auf höchster Stufe kurz pürieren.

In ein hohes Glas geben und sofort servieren.

Tipps & Hinweise

Brombeeren eignen sich für diesen Drink auch sehr gut – für alle, die es nicht so säuerlich mögen.

Beerenfrüchte sind vitaminreich und enthalten viele gesunde Ballaststoffe.

Eine Portion enthält:

169 Kilokalorien/706 Kilojoule
6 g Eiweiß
3 g Fett
26 g Kohlenhydrate
7 g Ballaststoffe
12 µg Jod

Exotenmüsli

gelingt leicht

Zutaten für 1 Portion
½ Kiwi
½ Mango (75 g)
1 frische Feige
150 g Naturjoghurt, 3,5 % Fett
1 TL Zucker
1 EL Weizenkeime
Zubereitungszeit: 20 Minuten

Zubereitung

Kiwi und Mango schälen und in kleine Würfel schneiden. Die Feige halbieren.

Das Joghurt mit Zucker und $^2/_3$ der Weizenkeime glatt rühren.

Obst mit dem Joghurt auf einem Teller anrichten und mit den restlichen Keimen bestreuen.

Eine Portion enthält:
211 Kilokalorien/882 Kilojoule
7 g Eiweiß
7 g Fett
28 g Kohlenhydrate
4 g Ballaststoffe
13 µg Jod

Tipps & Hinweise

Beachten Sie, dass Kiwis Enzyme enthalten, die in Verbindung mit Milcheiweiß Bitterstoffe entwickeln. Daher das Müsli gleich verzehren, wenn Sie die Früchte mit dem Joghurt vermischen.

Keimmüsli

geht schnell

Zutaten für 1 Portion
4 EL Quark, 20 % Fett
2 EL Milch, 3,5 % Fett (30 ml)
1 EL Weizenkeime
1 TL Zucker
100 g Erdbeeren (Handvoll)
½ Banane
1 EL Cornflakes
Zubereitungszeit: 15 Minuten

Tipps & Hinweise

Verwenden Sie anstelle der Weizenkeime und Cornflakes, Sonnenblumenkerne, Vollkornhaferflocken, Leinsamen oder Sesam.

Zubereitung

Den Quark und die Milch mit einem Schneebesen cremig schlagen. Weizenkeime und Zucker unterrühren und den Quark in eine Schüssel geben.

Erdbeeren waschen, putzen und halbieren, Banane schälen und in schmale Scheiben schneiden. Sofort unter den Quark mengen, damit die Banane nicht braun wird.

Die Cornflakes darüber streuen und gleich servieren.

Eine Portion enthält:

250 Kilokalorien/1045 Kilojoule
13 g Eiweiß
6 g Fett
35 g Kohlenhydrate
4 g Ballaststoffe
13 µg Jod

Katerfrühstück

gelingt leicht

Zutaten für 1 Portion
1 Vollkornbrötchen
1 Scheibe Sonnenblumenbrot
2 TL Butter
1 Scheibe Emmentaler, 45 % Fett i. Tr.
2 Rollmöpse
1 Essiggurke
200 ml Tomatensaft
¼ TL fluoridiertes Jodsalz
¼ TL Pfeffer
Zubereitungszeit: 15 Minuten

Zubereitung

Brötchen halbieren und gemeinsam mit der Scheibe Brot auf einen Teller legen. Butter auf den Brötchenhälften und der Brotscheibe verteilen.

Die Scheibe Käse längs durchschneiden und auf der Scheibe Brot in Röllchen anrichten.

Rollmöpse auf den Brötchenhälften anrichten. Essiggurke halbieren, in Fächer schneiden und je einen Gurkenfächer auf eine Brötchenhälfte legen.

Den Tomatensaft mit den Gewürzen vermischen und zum Katerfrühstück servieren.

Eine Portion enthält:
627 Kilokalorien/2621 Kilojoule
30 g Eiweiß
34 g Fett
49 g Kohlenhydrate
8 g Ballaststoffe
60 µg Jod

Schlemmerrührei

gelingt leicht

Zutaten für 1 Portion
1 Ei
2 EL Milch, 3,5 % Fett (30 ml)
¼ TL fluoridiertes Jodsalz
¼ TL Pfeffer
1 EL Maiskörner, aus dem Glas/der Dose
1 EL geriebener Emmentaler, 30 % Fett i. Tr.
½ TL Olivenöl
1 EL Schnittlauchröllchen
2 Scheiben Vollkorntoastbrot
1 TL Butter
Zubereitungszeit: 15 Minuten

Zubereitung

Das Ei in einen tiefen Teller schlagen, Milch und Gewürze dazugeben und mit einem Schneebesen kräftig verquirlen. Maiskörner und den Käse unterrühren.

Das Öl in einer beschichteten Pfanne erhitzen und die ganze Masse hineingeben. Mit einem Plastikpfannenwender zerteilen und solange garen, bis das Ei durchgegart ist. Am Ende der Garzeit mit den Schnittlauchröllchen bestreuen.

In der Zwischenzeit die Toastscheiben goldgelb toasten, mit der Butter bestreichen und gemeinsam mit dem Rührei servieren.

Eine Portion enthält:

330 Kilokalorien/1379 Kilojoule
20 g Eiweiß
17 g Fett
24 g Kohlenhydrate
3 g Ballaststoffe
42 µg Jod

Gourmetfrühstück

geht schnell

Zutaten für 1 Portion
1 Sonnenblumenbrötchen
1 Scheibe Vollkornbrot
2 TL Butter
2 EL Hüttenkäse, 20 % Fett
1 EL Schnittlauchröllchen
¼ TL fluoridiertes Jodsalz
1 Scheibe geräucherter Lachs
1 TL Meerrettich
Zubereitungszeit: 10 Minuten

Zubereitung

Brötchen aufschneiden und mit der Hälfte der Butter bestreichen.

Den Hüttenkäse mit Schnittlauch und Salz verrühren und auf dem Brötchen verteilen.

Das Vollkornbrot toasten und mit der restlichen Butter bestreichen, den Lachs auf die Scheibe Brot legen und mit dem Meerrettich bestreichen.

Eine Portion enthält:

392 Kilokalorien/1639 Kilojoule
18 g Eiweiß
15 g Fett
45 g Kohlenhydrate
9 g Ballaststoffe
22 µg Jod

„Pancake" – amerikanischer Pfannkuchen

preisgünstig

Zutaten für 1 Portion
5 EL Weizenvollkornmehl
80 g Naturjoghurt, 3,5 % Fett
1 Prise fluoridiertes Jodsalz
1 EL Zucker
2 TL Butter
1 EL Rosinen
1 EL Honig
Zubereitungszeit: 20 Minuten **Ruhezeit: 5–6 Stunden** **(evtl. über Nacht)**

Tipps & Hinweise

Probieren Sie den Pancake mit frischen Heidelbeeren.

Verwenden Sie als Alternative Ahornsirup anstatt Honig.

Eine Portion enthält:
448 Kilokalorien/1873 Kilojoule
9 g Eiweiß
13 g Fett
73 g Kohlenhydrate
6 g Ballaststoffe
9 µg Jod

Zubereitung

Das Mehl mit Joghurt, Salz und Zucker zu einem dickflüssigen Brei verrühren. Den Teig 5–6 Stunden (oder über Nacht) ruhen lassen.

Die Butter in einer beschichteten Pfanne schmelzen lassen und den Teig darin zu einem dicken Pancake backen.

Den Pancake heiß mit dem Honig servieren.

Dinkel-Möhrenbrötchen

gut vorzubereiten

Zutaten für 4 Stück
5 EL Dinkelkörner
½ Würfel Hefe
1 TL Zucker
5 EL Dinkelmehl
½ Möhre
½ TL fluoridiertes Jodsalz

Zubereitungszeit: 50 Minuten
Ruhezeit: 55 Minuten
Quellzeit: 12 Stunden

Zubereitung

Die Dinkelkörner über Nacht in reichlich Wasser einweichen, am nächsten Tag die Flüssigkeit abgießen und abspülen.

Die Hefe zerbröckeln und mit dem Zucker in $^1/_8$ l lauwarmen Wasser auflösen. Mit dem Dinkelmehl verrühren.

Die Möhre waschen und auf einer Reibe grob raffeln. Danach zusammen mit den Dinkelkörnern unter den Teig kneten und mit dem Salz würzen. Zugedeckt an einem warmen Ort 30–45 Minuten gehen lassen.

Den Backofen auf 200 °C (Ober- und Unterhitze, Umluft 180 °C, Gas Stufe 3) vorheizen.

Den Teig gründlich durchkneten und zu einer Rolle formen, die Rolle in 4 Stücke schneiden und Brötchen daraus formen. Die Brötchen zugedeckt nochmals 10 Minuten gehen lassen.

Die Oberfläche mit etwas Wasser einpinseln und mit einem scharfen Messer einritzen. Im Backofen 20 Minuten backen.

Tipps & Hinweise

Gut schmecken die Brötchen auch mit Grünkern-, Roggen- oder Haferkörnern.

Sie können auch Trockenhefe verwenden, ein halbes Päckchen entspricht 20 g frischer Hefe.

Ein Brötchen enthält:

207 Kilokalorien/864 Kilojoule
8 g Eiweiß
1 g Fett
40 g Kohlenhydrate
5 g Ballaststoffe
4 µg Jod

Sonnenblumenkern-brötchen

gut vorzubereiten

Zutaten für 6 Stück
125 g Grünkernmehl
125 g Weizenvollkornmehl
½ Pck. Backpulver
1 TL fluoridiertes Jodsalz
250 g Quark, 20 % Fett
1 Ei
1 Eigelb
1 EL Milch, 3,5 % Fett
1 EL Sonnenblumenkerne
Zubereitungszeit: 60 Minuten

Zubereitung

Die beiden Mehle mit dem Backpulver und Salz vermischen.

Quark und Ei dazugeben und alle Zutaten zu einem mittelfesten Teig verkneten. Bei Bedarf noch etwas Milch dazugeben.

Den Backofen auf 180 °C (Ober- und Unterhitze, Umluft 160 °C, Gas Stufe 3) vorheizen.

Aus dem Teig 6 Brötchen formen und die Oberfläche mit einem scharfen Messer kreuzweise einschneiden. Das Eigelb mit der Milch verquirlen und die Brötchen damit bepinseln. Die Sonnenblumenkerne auf den Brötchen verteilen und etwas festdrücken.

Die Brötchen im vorgeheizten Backofen 30 Minuten backen.

Tipps & Hinweise

Alternativen für die Sonnenblumenkerne sind Kürbiskerne, Pinienkerne, Sesam oder Mohn.

Ein Brötchen enthält:

221 Kilokalorien/924 Kilojoule
12 g Eiweiß
7 g Fett
28 g Kohlenhydrate
4 g Ballaststoffe
7 µg Jod

Nussbrot

gut vorzubereiten

Zutaten für ca. 12 Scheiben
½ Würfel Hefe
300 ml lauwarmes Wasser
500 g Weizenvollkornmehl
2 TL fluoridiertes Jodsalz
3 EL Walnussöl
1 EL Walnüsse
1 EL Haselnüsse
1 EL Sonnenblumenkerne
1 EL Sesam
2 EL Rosinen
Zubereitungszeit: 1 Stunde 15 Minuten **Gehzeit: 1 Stunde**

Zubereitung

Die Hefe in dem lauwarmen Wasser auflösen. Mit Mehl und Salz zu einem geschmeidigen Teig verkneten und zugedeckt an einem warmen Ort 30 Minuten gehen lassen.

Walnüsse, Haselnüsse und Sonnenblumenkerne grob hacken. 2 EL des Walnussöls auf kleiner Flamme erwärmen und die Nüsse und Samen darin goldgelb anrösten, kurz abkühlen lassen.

Die Nussmasse und die Rosinen unter den aufgegangenen Teig kneten.

Den Teig halbieren und auf einer bemehlten Arbeitsfläche zu länglichen Rollen formen. Den Backofen auf 220 °C (Ober- und Unterhitze, Umluft 200 °C, Gas Stufe 4) vorheizen.

Zwei Kastenformen (26 cm lang) mit dem restlichen Öl einpinseln. Die Teigrollen in die Formen legen und nochmals zugedeckt 30 Minuten gehen lassen.

Die Brote danach zunächst 10 Minuten bei 220 °C und dann 20 Minuten bei 200 °C (Ober- und Unterhitze, Umluft 180 °C, Gas Stufe 3) backen.

Eine Portion enthält:

(1 Brot in 12 Scheiben geschnitten,
1 Scheibe 2 cm breit)

106 Kilokalorien/443 Kilojoule

3 g Eiweiß

4 g Fett

14 g Kohlenhydrate

3 g Ballaststoffe

1 µg Jod

JODREICHE, LECKERE MITTAGESSEN

Seefische und andere Meerestiere sind äußerst jodreiche Lebensmittel. Trotzdem erwartet keiner, dass Sie nun täglich Fisch essen. Um den Fischverzehr jedoch von bisher maximal einmal in der Woche auf vielleicht zwei- oder dreimal in der Woche zu erhöhen, widmen wir dem Fisch unsere größte Aufmerksamkeit. Besonders jodreiche Fischsorten sind Schellfisch, Rotbarsch und Kabeljau. Weiterhin liefern Krabben, Garnelen und Muscheln reichlich Jod.

Probieren Sie unsere verschiedenen Vorschläge doch einfach einmal aus und lernen Sie mit uns die vielfältige Küche der Fisch- und Meerestiere kennen und lieben.

Fischsud

gut vorzubereiten

Zutaten für 1 Portion
1 Lachskopf und Gräten
¼ Zitrone
½ kleine Zwiebel
2 EL Weißwein, trocken
¼ TL fluoridiertes Jodsalz
¼ Lorbeerblatt
1 Prise Estragon
Zubereitungszeit: 40 Minuten

Zubereitung

Den Lachskopf und die Gräten in einen Topf geben und gut mit Wasser bedecken.

Zitrone und Zwiebel in Scheiben schneiden, Wein, Salz und die Gewürze zugeben und alles 30 Minuten kochen lassen.

Danach durch ein feines Sieb gießen und für Soßen, Suppen oder Fischgerichte verwenden.

Tipps & Hinweise

Andere geeignete Fische sind Schellfisch, Kabeljau, Heilbutt.

Verwenden Sie den Fischsud für unsere im Kochbuch aufgelisteten Rezepte als Kochwasser, so erhalten Sie einen noch besseren Geschmack.

Eine Portion enthält:

50 Kilokalorien/209 Kilojoule
2 g Eiweiß
1 g Fett
3 g Kohlenhydrate
1 g Ballaststoffe
35 µg Jod

Broccolicremesuppe

gelingt leicht

Zutaten für 1 Portion
100 g Broccoli, frisch oder tiefgekühlt
1 kleine Kartoffel
½ kleine Zwiebel
1 TL Sonnenblumenöl
4 EL Milch, 3,5 % Fett
¼ TL fluoridiertes Jodsalz
¼ TL Pfeffer
50 g geräucherter Lachs
Schnittlauch
Zubereitungszeit: 40 Minuten

Zubereitung

Den Broccoli waschen, putzen und in kleine Stücke zerteilen; tiefgeforenen Broccoli auftauen lassen. Die Kartoffel waschen, schälen und in Würfel schneiden. Die Zwiebel schälen und in feine Würfel schneiden.

Das Sonnenblumenöl in einem Topf erhitzen und die Zwiebelwürfel darin andünsten, den Broccoli und die Kartoffelwürfel dazugeben. Das Gemüse kurz andünsten und mit der Milch aufgießen. Das Gemüse weich kochen und mit einem Pürierstab zerkleinern. Mit den angegebenen Gewürzen abschmecken.

Den Lachs in schmale Streifen und den Schnittlauch in feine Röllchen schneiden. Beides über die Suppe streuen und servieren.

Tipps & Hinweise

Anstatt geräuchertem Lachs eignet sich als weiterer jodreicher Fisch Makrele als Suppeneinlage. Besonders fettarm ist eine geräucherte Forelle.

Eine Portion enthält:

231 Kilokalorien/966 Kilojoule
17 g Eiweiß
10 g Fett
18 g Kohlenhydrate
6 g Ballaststoffe
42 µg Jod

Paprikacremesuppe

gelingt leicht

Zutaten für 1 Portion
½ kleine rote Paprika
½ kleine gelbe Paprika
½ kleine Zwiebel
½ kleine Knoblauchzehe
1 TL Olivenöl
125 ml Milch, 3,5 % Fett
50 g Shrimps, in Salzlake eingelegt oder tiefgekühlt
1 Prise fluoridiertes Jodsalz
¼ TL Pfeffer
⅓ TL Paprika, edelsüß
Zubereitungszeit: 30 Minuten

Zubereitung

Paprikaschoten waschen, putzen und in kleine Würfel schneiden. Zwiebel und Knoblauchzehe abziehen und fein würfeln.

Das Öl in einem Topf erhitzen und die Zwiebel- und Knoblauchwürfel darin goldgelb andünsten, ¾ der Paprikawürfel dazugeben und kurz mitdünsten.

Die Milch dazugeben und die Suppe kurz aufkochen lassen. Mit einem Pürierstab die Suppe fein pürieren.

Die Shrimps dazugeben und mit Salz, Pfeffer und Paprika abschmecken.

Vor dem Servieren die zurückbehaltenen Paprikawürfel über die Suppe streuen.

Tipps & Hinweise

Um der Suppe eine schärfere Würze zu verleihen, verwenden Sie zusätzlich Cayennepfeffer als Gewürz.

Beachten Sie beim Abschmecken, dass die Shrimps in Salzlake auch Würze bringen. Daher zuerst vorsichtig mit dem Salz würzen.

Eine Portion enthält:

195 Kilokalorien/815 Kilojoule

16 g Eiweiß

8 g Fett

13 g Kohlenhydrate

7 g Ballaststoffe

58 µg Jod

Neptunplatte

etwas teurer

Zutaten für 1 Portion
1 TL Butter
2 Calamaresringe
½ kleine Knoblauchzehe
2 Königscrevetten
½ kleine Zwiebel
1 Stück Zitrone
40 g Matjesfilet
2 Krebsfleischsticks
2 EL Crème fraîche
1 EL Milch, 1,5 % Fett
1 Zweig Dill
Zubereitungszeit: 30 Minuten

Zubereitung

Die Butter in einer beschichteten Pfanne erhitzen und die Calamaresringe darin anbraten. Danach auf einem Küchenkrepp abtropfen lassen.

Die Knoblauchzehe schälen und in kleine Würfel schneiden, die Würfel in die restliche Butter geben und die Crevetten von jeder Seite 1 Minute anbraten.

Die Zwiebel schälen und in Ringe schneiden. Die Zitrone in dünne Scheiben schneiden.

Die Calamares, die Crevetten, die Matjesfiletstücke und die fertigen Krebsfleischsticks auf einem Teller anrichten, mit Zwiebelringen, Zitronenscheiben und Dillzweig garnieren.

Crème fraîche mit der Milch verrühren und mit Salz und Pfeffer abschmecken.

Eine Portion enthält:
313 Kilokalorien/1308 Kilojoule
25 g Eiweiß
21 g Fett
5 g Kohlenhydrate
1 g Ballaststoffe
88 µg Jod

Tipps & Hinweise

Verändern Sie nach Belieben die Zutaten. Gut geeignet sind auch kleine Nordseekrabben in Knoblauchcreme, geräucherte Makrelenfilets, Heringfilets in Aspik, Rollmöpse ...

Gratinierte Krabben

gelingt leicht

Zutaten für 1 Portion
60 g Krabben, frisch oder aus dem Glas
½ Zwiebel
¼ rote Paprikaschote
1 TL Mais, tiefgekühlt oder aus dem Glas
1 TL Butter
1 gehäufter EL Frischkäse, 60 % Fett i. Tr.
¼ TL fluoridiertes Jodsalz
¼ TL Pfeffer
1 Strauß Petersilie
1 TL ger. Käse, 45 % Fett
Zubereitungszeit: 40 Minuten

Zubereitung

Die Krabben abtropfen lassen.

Zwiebel schälen und fein hacken. Die Paprikaschote waschen, putzen und in kleine Würfel schneiden. Mais abtropfen lassen.

Die Butter in einer beschichteten Pfanne schmelzen lassen und die Zwiebelwürfel darin goldgelb andünsten lassen. Die Krabben dazugeben und mitbraten. Krabben herausnehmen und warm stellen.

Den Backofen auf 220 °C Ober- und Unterhitze (Umluft 200 °C, Gas Stufe 4) vorheizen.

Das restliche Gemüse in dem Bratfett andünsten und den Frischkäse unterrühren. Mit den Gewürzen abschmecken. Die Petersilie waschen und fein hacken und unterheben.

Ein kleines Souffléförmchen mit der Masse füllen und den Käse darüber streuen, im Backofen kurz überbacken, bis der Käse eine goldgelbe Farbe hat.

Eine Portion enthält:

245 Kilokalorien/1024 Kilojoule

17 g Eiweiß

16 g Fett

7 g Kohlenhydrate

2 g Ballaststoffe

60 µg Jod

Tipps & Hinweise

Reichen Sie zu den gratinierten Krabben getoastete Weißbrotscheiben, dünn mit Knoblauch und Butter bestrichen.

Meeresfrüchte wie Krabben sind extrem fettarm und liefern reichlich leicht verdauliches Eiweiß. Menschen, die unter Hyperurikämie leiden, sollten besser darauf verzichten, denn Krabben sind purinreich.

Spirelli mit Schollenröllchen

etwas aufwendiger

Zutaten für 1 Portion
4 EL Krabben, tiefgekühlt
1 EL Schlagsahne, 30 % Fett
¼ TL fluoridiertes Jodsalz
¼ TL Pfeffer
1 TL gehackter Dill
1 TL gehackte Petersilie
130 g Schollenfilet, tiefgekühlt
2 EL Weißwein
100 ml Gemüsebrühe
30 g Vollkornnudeln, ohne Ei
¼ TL fluoridiertes Jodsalz
2 kleine Tomaten
½ kleine Zwiebel
½ kleine Knoblauchzehe
1 TL Olivenöl
¼ TL fluoridiertes Jodsalz
¼ TL Pfeffer
¼ TL Oregano
¼ TL Thymian
5 Blätter Basilikum
Zubereitungszeit: 45 Minuten

Zubereitung

Die Krabben auftauen lassen und mit der Sahne im Mixer pürieren. Mit Salz und Pfeffer abschmecken. Die Masse halbieren und mit der Hälfte der gehackten Kräutern und mit etwas Gemüsebrühe mischen.

Den Backofen auf 180 °C Ober- und Unterhitze (Umluft 160 °C, Gas Stufe 3) vorheizen.

Das Schollenfilet halbieren und die eine Hälfte mit der Krabbenmasse, die andere Hälfte mit der Kräutermasse bestreichen und aufrollen. Die beiden Fischröllchen in eine feuerfeste Form geben, die Gemüsebrühe und den Wein dazugießen und im Backofen circa 20 Minuten garen.

Die Nudeln nach Packungsanweisung im Salzwasser „al dente" kochen.

Inzwischen die Tomaten waschen, halbieren, den Stengelansatz herausschneiden, das Fruchtfleisch in Würfel schneiden. Die Zwiebel und die Knoblauchzehe schälen und in Würfel schneiden.

Das Öl in einem kleinen Topf erhitzen und die Zwiebel- und Knoblauchwürfel darin andünsten, die Tomatenwürfel dazugeben, köcheln lassen. Mit den Gewürzen abschmecken, die Basilikumblättchen waschen und fein hacken und unter die Soße geben.

Die Schollenröllchen in daumendicke Scheiben schneiden und zusammen mit den Nudeln und Tomatensoße servieren.

Eine Portion enthält:
576 Kilojoule/2439 Kilojoule
48 g Eiweiß
15 g Fett
55 g Kohlenhydrate
11 g Ballaststoffe
99 µg Jod

Sommernudeln

preisgünstig

Zutaten für 1 Portion
60 g Vollkorneiernudeln
½ TL fluoridiertes Jodsalz
1 Stück Karotte
1 Stück Zucchini
½ kleine Knoblauchzehe
1 TL Sonnenblumenöl
1 TL Sonnenblumenkerne
1 EL geh. Kräuter
Zubereitungszeit: 20 Minuten

Zubereitung

Die Nudeln in reichlich Salzwasser nach Packungsaufschrift „al dente" kochen. Nach Ende der Garzeit abgießen.

In der Zwischenzeit die Karotte und die Zucchini waschen und in schmale Streifen schneiden. Die Knoblauchzehe schälen und fein hacken.

Das Öl in einer beschichteten Pfanne erhitzen und die Gemüsestreifen und Knoblauchwürfel darin andüsten.

Die Nudeln zu dem Gemüse geben und mit den Sonnenblumenkernen und den Kräutern bestreut servieren.

Eine Portion enthält:
299 Kilokalorien/1250 Kilojoule
10 g Eiweiß
10 g Fett
41 g Kohlenhydrate
9 g Ballaststoffe
13 µg Jod

Tipps & Hinweise

Vollkorneiernudeln sind die jodreichste Nudelsorte, ebenso gut können Sie auch Vollkornnudeln ohne Ei verwenden, denn auch diese Nudelsorte enthält wertvolles Jod sowie Ballaststoffe. Ballaststoffe regeln die Verdauung, senken den Cholesterinspiegel, machen lange satt und reduzieren das Dickdarmkrebsrisiko.

Reismix

gelingt leicht

Zutaten für 1 Portion
60 g Vollkornreis
200 ml Wasser
½ TL fluoridiertes Jodsalz
1 TL Olivenöl
¼ grüne Paprikaschote
1 Tomate
2 EL Maiskörner, aus der Dose/dem Glas
¼ TL Pfeffer
¼ TL Paprika
Zubereitungszeit: 45 Minuten

Zubereitung

Den Reis in Wasser unter Zusatz des Salzes 30–40 Minuten garen.

Die Paprikaschote und die Tomate waschen, putzen und in kleine Stücke schneiden. Das Öl in einer beschichteten Pfanne erhitzen und die beiden Gemüsesorten darin andünsten, mit den Gewürzen abschmecken.

Kurz vor Ende der Garzeit das angedünstete Gemüse und den Mais unter den Reis mischen und erwärmen. Mit den Gewürzen abschmecken und sofort servieren.

Eine Portion enthält:
311 Kilokalorien/1300 Kilojoule
7 g Eiweiß
7 g Fett
54 g Kohlenhydrate
5 g Ballaststoffe
7 µg Jod

Knoblauchkartoffeln „Silvia“

preisgünstig

Zutaten für 1 Portion
200 g Kartoffeln
½ Knoblauchzehe
½ TL Olivenöl
¼ TL fluoridiertes Jodsalz
Zubereitungszeit: 45 Minuten

Zubereitung

Den Backofen auf 220 °C Ober- und Unterhitze (Umluft 200 °C, Gas Stufe 4) vorheizen.

Kartoffeln gut waschen und halbieren, die Schnittflächen mit der Knoblauchzehe einreiben. Die Kartoffel fächerförmig einschneiden.

Die Knoblauchzehe fein hacken, mit dem Öl und dem Salz verrühren. Die Kartoffeln damit einpinseln.

Ein Backblech mit Backpapier auslegen, die Kartoffeln darauf verteilen und in den vorgeheizten Backofen schieben.

Die Kartoffeln 30 Minuten backen, bis sie durchgegart sind.

Eine Portion enthält:
170 Kilokalorien/711 Kilojoule
4 g Eiweiß
3 g Fett
30 g Kohlenhydrate
5 g Ballaststoffe
9 µg Jod

Tipps & Hinweise

Verwenden Sie für die Garprobe ein kleines Küchenmesser und stechen Sie in die Kartoffeln. Geben diese leicht nach, sind die Kartoffeln fertig.

Kräuterkartoffeln

preisgünstig

Zutaten für 1 Portion
200 g Kartoffeln
½ kleine Knoblauchzehe
2 TL Butter
1 Prise Pfeffer
1 TL geh. frische Petersilie
1 TL geh. frischer Rosmarin
½ TL fluoridiertes Jodsalz
¼ TL zerstoßener schwarzer Pfeffer
Zubereitungszeit: 30 Minuten

Zubereitung

Die Kartoffeln gut waschen und in wenig Wasser bissfest kochen.

Die Butter in einer Pfanne erhitzen, die Kartoffeln halbieren in die Pfanne geben und mit dem Pfeffer abschmecken. Bei mittlerer Hitze 5–10 Minuten gar schwenken, dabei häufig wenden, damit die Kartoffeln gleichmäßig gebräunt werden.

Die Knoblauchzehe schälen und fein hacken, die Kräuter und den Knoblauch zufügen und untermischen. Mit dem Salz und dem zerstoßenen Pfeffer abschmecken und heiß servieren.

Tipps & Hinweise

Ebenfalls geeignet sind die Kräuter Thymian und Oregano.

Sie können auch getrocknete Kräuter verwenden.

Eine Portion enthält:

220 Kilokalorien/920 Kilojoule
4 g Eiweiß
9 g Fett
30 g Kohlenhydrate
5 g Ballaststoffe
9 µg Jod

Pizza Meeresfrüchte

mediterran

Zutaten für 1 Portion

Für den Teig:

- 40 g Weizenvollkornmehl
- 40 g Weizenmehl, Typ 405
- 5 g Hefe
- 2–3 EL lauwarmes Wasser
- ¼ TL fluoridiertes Jodsalz
- 1 TL Butter oder Sonnenblumenmargarine

Für den Belag:

- 60 g Frutti di mare, tiefgekühlt
- 3 Riesengarnelen, tiefgekühlt
- 1 EL Zitronensaft
- ½ kleine Knoblauchzehe
- 6 Blätter frisches Basilikum
- 2 EL passierte Tomaten
- ½ TL Pfeffer
- ¼ TL Paprika
- ¼ TL fluoridiertes Jodsalz
- ¼ TL Oregano
- ¼ TL Thymian
- ¼ TL Majoran
- 40 g Mozzarella, 45 % Fett i. Tr.
- 1 TL Olivenöl

Zubereitungszeit: 60 Minuten
Ruhezeit: 45 Minuten

Zubereitung

Das Mehl in eine Schüssel sieben und eine Vertiefung eindrücken. Die Hefe hineinbröckeln und mit dem Wasser verrühren, mit etwas Mehl bedecken und 10–15 Minuten an einem warmen Ort gehen lassen. Danach Salz und Butter zugeben und einen glatten, aber nicht zu festen Hefeteig herstellen. Den Teig auf einer bemehlten Arbeitsfläche kräftig durchkneten. Zugedeckt nochmals 30 Minuten gehen lassen. Den Teig zu einem runden Pizzaboden ausrollen und auf ein mit Backpapier belegtes Blech legen.

Den Backofen auf 220 °C Ober- und Unterhitze (Umluft 200 °C, Gas Stufe 4) vorheizen.

Die Meeresfrüchte und die Riesengarnelen auftauen lassen, waschen und mit dem Zitronensaft beträufeln.

Die Knoblauchzehe schälen und fein hacken. Die Basilikumblätter waschen, trocken tupfen und fein hacken. Den Knoblauch und ⅔ des Basilikums unter die passierten Tomaten rühren. Mit den Gewürzen abschmecken, den Hefeteig damit bestreichen und die Meeresfrüchte darauf geben.

Den Mozzarella in Scheiben schneiden und die Pizza damit belegen. Das Olivenöl über die Pizza träufeln und in den vorgeheizten Backofen schieben. Die Pizza 15–20 Minuten backen und vor dem Servieren mit dem restlichen Basilikum bestreuen.

Tipps & Hinweise

Der Pizzaboden lässt sich auch ausschließlich mit hellem Mehl herstellen, doch Vollkornmehl verbessert die Jodversorgung.

Variieren Sie den Belag nach Ihren Vorlieben, gut eignen sich auch Thunfisch, Muscheln oder Lachs.

Eine Portion enthält:

564 Kilokalorien/2358 Kilojoule

36 g Eiweiß

20 g Fett

57 g Kohlenhydrate

6 g Ballaststoffe

104 µg Jod

Zubereitung

Das Mehl in eine Schüssel sieben die Milch und das Ei dazugeben und mit einem Schneebesen gut verrühren. Falls der Teig zu fest ist, noch Wasser dazugeben. Mit dem Salz abschmecken. Den Teig 5–10 Minuten ruhen lassen.

Den Broccoli in wenig Salzwasser bissfest kochen.

Die Hälfte des Öls in einer beschichteten Pfanne erhitzen und aus der Hälfte des Teiges einen Pfannkuchen backen. Das restliche Öl in die Pfanne geben und den Rest des Teiges zu einem weiteren Pfannkuchen verbacken.

Den Broccoli in die beiden Pfannkuchen legen, mit dem kleingeschnittenen Käse bestreuen, zusammenrollen und servieren.

Pfannkuchen mit Broccolifülle

geht schnell

Zutaten für 1 Portion
50 g Weizenvollkornmehl
45 ml Milch, 3,5 %
½ Ei
¼ TL fluoridiertes Jodsalz
2 TL Sonnenblumenöl
100 g Broccoli
1 Scheibe Emmentaler, 45 % Fett i. Tr.
Zubereitungszeit: 20 Minuten

Eine Portion enthält:
457 Kilokalorien/1910 Kilojoule
23 g Eiweiß
25 g Fett
34 g Kohlenhydrate
8 g Ballaststoffe
36 µg Jod

Paella

etwas teurer

Zutaten für 1 Portion
3 Riesengarnelen, tiefgekühlt
3 EL Krabben, tiefgekühlt
50 g Kabeljaufilet, frisch oder tiefgekühlt
1 TL Zitronensaft
50 g Muscheln, aus dem Glas
2 EL Erbsen, tiefgekühlt
2 EL Bohnen, tiefgekühlt
1 Stück Zucchini
¼ rote Paprikaschote
½ kleine Zwiebel
½ kleine Knoblauchzehe
1 TL Olivenöl
60 g Vollkornreis
150 ml Gemüsebrühe
½ TL Kurkuma oder Safran
½ TL Thymian
½ TL Rosmarin
½ TL Pfeffer
¼ TL fluoridiertes Jodsalz
Zubereitungszeit: 60 Minuten

Zubereitung

Die Garnelen, die Krabben und das Kabeljaufilet auftauen lassen. Danach mit dem Zitronensaft beträufeln. Die Muscheln abtropfen lassen.

Erbsen und Bohnen ebenfalls auftauen lassen. Die Zucchini und die Paprikaschote waschen, putzen und in Würfel schneiden. Die Zwiebel und die Knoblauchzehe schälen und in kleine Würfel schneiden.

Das Öl in einem Topf erhitzen und die Zwiebel- und Knoblauchwürfel darin andünsten. Den Reis dazugeben und kurz mitdünsten lassen. Mit der Gemüsebrühe aufgießen und 30–40 Minuten köcheln lassen, bei Bedarf noch Wasser dazugeben.

15 Minuten vor Ende der Garzeit die Erbsen und die Bohnen zum Reis geben und mitgaren.

Die Paella mit den Gewürzen abschmecken und 10 Minuten vor Ende der Garzeit die restlichen Zutaten zugeben.

Eine Portion enthält:
486 Kilokalorien/2031 Kilojoule
39 g Eiweiß
9 g Fett
62 g Kohlenhydrate
8 g Ballaststoffe
200 µg Jod

Gefüllte Makrele

braucht etwas Zeit

Zutaten für 1 Portion
1 kleine küchenfertige Makrele (150 g)
1 TL Zitronensaft
½ TL fluoridiertes Jodsalz
1 Stück Lauch
1 Karotte
5 kleine Champignons
1 TL Sonnenblumenöl
2 EL Kondensmilch, 7,5 % Fett (30 ml)
½ TL Pfeffer
Zubereitungszeit: 60 Minuten

Zubereitung

Die Makrele waschen und links und rechts entlang der Rückengräte etwa 1 cm tief einschneiden, von oben die Mittelgräte herausziehen. Den Fisch auswaschen und mit dem Zitronensaft beträufeln und mit dem Salz einreiben.

Den Backofen auf 220 °C Ober- und Unterhitze (Umluft 200 °C, Gas Stufe 4) vorheizen.

Das Gemüse waschen, putzen und in schmale Streifen schneiden. Pilze in dünne Scheiben schneiden.

Das Öl in einer beschichteten Pfanne erhitzen und das Gemüse darin andünsten.

Mit der Kondensmilch ablöschen, kurz köcheln lassen und mit den Gewürzen abschmecken.

Die Makrele mit dem Gemüse füllen, in Alufolie einschlagen und im Backofen 20–25 Minuten garen.

Eine Portion enthält:
460 Kilokalorien/1923 Kilojoule
39 g Eiweiß
29 g Fett
11 g Kohlenhydrate
7 g Ballaststoffe
85 µg Jod

Tipps & Hinweise

Weiterhin eignen sich Forelle, Hering und Lachs für dieses Rezept.

Rotbarsch mit Chinakohl

braucht etwas Zeit

Zutaten für 1 Portion
160 g mittlere Kartoffeln
4 EL Milch, 3,5 % Fett (60 ml)
1 TL Meerrettich
150 g Rotbarschfilet, frisch oder tiefgekühlt
1 EL Zitronensaft
150 g Chinakohl
1 kleine Tomate
½ kleine Zwiebel
1 TL Olivenöl
2 EL Schmand, 24 % Fett
¼ TL fluoridiertes Jodsalz
¼ TL Pfeffer
¼ TL Curry
¼ TL Paprika, edelsüß
Zubereitungszeit: 1 Stunde 10 Minuten

Zubereitung

Die Kartoffeln waschen und als Pellkartoffeln garen. Nach Beendigung der Garzeit (20–25 Minuten) die Kartoffeln schälen, durchpressen und mit der Milch und dem Meerrettich zu Kartoffelbrei verarbeiten.

Das Rotbarschfilet mit dem Zitronensaft beträufeln und 5 Minuten ziehen lassen.

Den Chinakohl putzen, waschen und in 1 cm breite Streifen schneiden. Die Tomate waschen, halbieren, den Stengelansatz herausschneiden und das Fruchtfleisch würfeln. Die Zwiebel abziehen und fein würfeln.

Das Olivenöl in einer beschichteten Pfanne erhitzen und die Zwiebel, den Chinakohl und die Tomaten darin andünsten.

Das Fischfilet auf das Gemüsebett setzen, abdecken und 8–10 Minuten garen. Den Fisch vorsichtig herausnehmen und kurz warmstellen.

Den Schmand mit den Gewürzen glattrühren und unter das Gemüse geben.

Den Kartoffelbrei gemeinsam mit dem Fisch und dem Gemüse servieren.

Tipps & Hinweise

Ein jodreiches Gemüse ist Grünkohl, der sich als Alternative zum Chinakohl verwenden lässt.

Wer Fett einsparen möchte, kann anstelle von Schmand saure Sahne verwenden.

Eine Portion enthält:

484 Kilokalorien/2023 Kilojoule

41 g Eiweiß

19 g Fett

33 g Kohlenhydrate

8 g Ballaststoffe

131 µg Jod

Überbackener Rotbarsch

für Gäste

Zutaten für 1 Portion
150 g Rotbarschfilet, frisch oder tiefgefroren
150 g Blattspinat, frisch oder tiefgefroren
100 g Champignons, frisch oder tiefgefroren
½ kleine Zwiebel
½ kleine Knoblauchzehe
1 TL Olivenöl
2 EL saure Sahne
¼ Tl fluoridiertes Jodsalz
½ TL Pfeffer
Zubereitungszeit: 1 Stunde

Zubereitung

Das Rotbarschfilet mit Zitronensaft beträufeln und einige Minuten ziehen lassen.

Den Spinat verlesen und waschen, tiefgefrorenen Spinat auftauen lassen.

Die Pilze putzen, waschen und in feine Scheiben schneiden, tiefgefrorene Pilze auftauen lassen.

Die Zwiebel und die Knoblauchzehe schälen und fein hacken.

Den Backofen vorheizen (Ober- und Unterhitze 200 °C, Umluft 200 °C, Gas Stufe 3).

Das Fischfilet in etwas Gemüsebrühe 5 Minuten köcheln lassen.

Das Öl in einem Topf erhitzen und die Zwiebel- und Knoblauchwürfel darin goldgelb andünsten. Die Champignonscheiben dazugeben und kurz mitdünsten lassen, danach die Spinatblätter dazugeben und einige Zeit mitdünsten lassen. Bei Bedarf mit der Fischbrühe aufgießen. Mit den Gewürzen abschmecken.

Den Fisch in eine Auflaufform geben, mit der Spinat-Pilzmasse übergießen, die saure Sahne glattrühren und über die Spinat-Pilzmasse gießen und 10–15 Minuten im Backofen überbacken.

Eine Portion enthält:
319 Kilokalorien/1333 Kilojoule
40 g Eiweiß
15 g Fett
4 g Kohlenhydrate
7 g Ballaststoffe
156 µg Jod

Rotbarsch mit Senfgemüse

braucht etwas Zeit

Zutaten für 1 Portion
150 g Rotbarschfilet, frisch oder tiefgekühlt
1 EL Zitronensaft
¼ TL fluoridiertes Jodsalz
1 kleine Kartoffel
1 kleine Karotte
1 Stück Lauch
1 Stück Staudensellerie
1 TL Weizenkeimöl
100 ml Gemüsebrühe
2 EL Weißwein, trocken
2 EL saure Sahne, 10 % Fett
2 TL Senf
1 Zweig frischer Estragon
½ TL Pfeffer
Zubereitungszeit: 50 Minuten

Zubereitung

Das Fischfilet mit Zitronensaft beträufeln und mit Salz bestreuen, einige Minuten ziehen lassen.

Das Gemüse waschen, putzen, die Kartoffel, den Lauch und die Karotte in schmale Streifen schneiden. Den Staudensellerie in Scheibchen schneiden.

Das Öl in einem Topf erhitzen und das Gemüse darin andünsten.

Das Fischfilet trocken tupfen und auf das Gemüse legen. Mit Gemüsebrühe und Wein angießen und zugedeckt 10 Minuten garen. Den Fisch zwischendurch wenden.

Die saure Sahne mit dem Senf verrühren, den Estragon waschen und hacken und unter die Soße rühren, das Ganze mit Pfeffer abschmecken.

Den Fisch herausnehmen und kurz warmstellen, die Soße unter das Gemüse rühren und zusammen mit dem Fisch servieren.

Tipps & Hinweise

Reichen Sie zu diesem Gericht bunte Kräuternudeln. Rechnen Sie pro Portion 50 g Nudeln (Rohgewicht) und eine Handvoll frische Kräuter, die Sie nach Ende der Garzeit über die Nudeln geben.

Eine Portion enthält:

413 Kilokalorien/1726 Kilojoule
40 g Eiweiß
16 g Fett
21 g Kohlenhydrate
8 g Ballaststoffe
140 µg Jod

Rotbarsch-Gemüse-Gulasch

gelingt leicht

Zutaten für 1 Portion
1 Karotte
100 g Zuckerschoten, frisch oder tiefgekühlt
130 g Rotbarschfilet, frisch oder tiefgekühlt
1 TL Weißweinessig
¼ TL fluoridiertes Jodsalz
1 TL Sonnenblumenöl
1 EL Weißwein, trocken
2 EL Schlagsahne, 30 % Fett
¼ TL fluoridiertes Jodsalz
¼ TL Pfeffer
1 EL gehackter Dill
Zubereitungszeit: 30 Minuten

Zubereitung

Die Karotte waschen, putzen und in schmale Streifen schneiden, die Zuckerschoten waschen und putzen. Tiefgekühlte Zuckerschoten auftauen lassen.

Das Fischfilet mit dem Essig beträufeln und mit dem Salz bestreuen, 5 Minuten ziehen lassen. Tiefgekühlten Fisch auftauen lassen und danach mit Essig und Salz behandeln.

Das Sonnenblumenöl in einer beschichteten Pfanne erhitzen und das abgetupfte Fischfilet im heißen Öl von beiden Seiten goldbraun anbraten.

Das Fischfilet aus der Pfanne nehmen und warmstellen und das geschnittenen Gemüse im restlichen Bratfett andünsten, mit dem Wein und der Sahne ablöschen und einköcheln lassen. Mit den Gewürzen und dem Dill abschmecken und zusammen mit dem gebratenem Fisch servieren.

Tipps & Hinweise

Reichen Sie zum Rotbarsch-Gemüse-Gulasch einen Kräutervollkornreis. Verwenden Sie für eine Portion 50 g Vollkornreis, 3 Tassen Gemüsebrühe und garen Sie den Reis 30–45 Minuten. Bestreuen Sie den Reis vor Ende der Garzeit mit einer Handvoll geschnittener Kräuter.

Eine Portion enthält:

418 Kilokalorien/1747 Kilojoule
37 g Eiweiß
20 g Fett
19 g Kohlenhydrate
9 g Ballaststoffe
124 µg Jod

Goldbarsch in Kräuterkruste mit Ratatouille

etwas teurer

Zutaten für 1 Portion
150 g Goldbarschfilet
1 TL Rotweinessig
¼ TL fluoridiertes Jodsalz
1 EL Sesam
1 EL frisch gehackte Kräuter (z. B. Petersilie, Schnittlauch, Dill)
1 EL Olivenöl
1 Stück Zucchini
¼ rote Paprikaschote
50 g Aubergine
1 kleine Tomate
½ kleine Zwiebel
½ kleine Knoblauchzehe
1 TL Olivenöl
¼ TL fluoridiertes Jodsalz
¼ TL Pfeffer
¼ TL Thymian
¼ TL Majoran
Zubereitungszeit: 40 Minuten

Zubereitung

Das Fischfilet mit dem Essig beträufeln, dem Salz bestreuen und kurz ziehen lassen.

Die Sesamsamen und die Kräuter miteinander mischen.

Das Fischfilet abtupfen und in der Sesamkräutermischung von beiden Seiten panieren. Das Öl in einer beschichteten Pfanne erhitzen und das Fischfilet darin goldgelb anbraten.

Das Gemüse waschen, putzen und in Würfel schneiden. Die Zwiebel und die Knoblauchzehe schälen und fein hacken. Das Öl in einer Pfanne erhitzen und die Zwiebel und Knoblauchwürfel darin andünsten, die Gemüsewürfel dazugeben und mit den Gewürzen und Kräutern abschmecken, einige Minuten köcheln lassen und bei Bedarf noch Wasser hinzufügen.

Das Ratatouille gemeinsam mit dem Fisch servieren.

Tipps & Hinweise

Reichen Sie zu diesem Gericht Knoblauchkartoffeln. Dazu verwenden Sie pro Portion 200 g kleine Kartoffeln. Diese als Pellkartoffeln zubereiten, halbieren und mit Knoblauch einreiben.

Eine Portion enthält:
493 Kilokalorien/2061 Kilojoule
40 g Eiweiß
32 g Fett
12 g Kohlenhydrate
8 g Ballaststoffe
148 µg Jod

Buntes Schollengratin

braucht etwas Zeit

Zutaten für 1 Portion
100 g Schollenfilet, frisch oder tiefgekühlt
1 EL Zitronensaft
¼ TL fluoridiertes Jodsalz
130 g Mischgemüse, frisch oder tiefgekühlt (z. B. Möhren, Erbsen, Broccoli)
80 g Krabben, tiefgekühlt oder aus dem Glas
2 EL Weißwein, trocken
1 EL Sahne, 30 % Fett
¼ TL Pfeffer
1 EL Paniermehl
1 TL Butter
200 g Kartoffeln
¼ TL Salz
Zubereitungszeit: 1 Stunde

Zubereitung

Das Filet mit dem Zitronensaft beträufeln und mit dem Salz bestreuen, einige Minuten ziehen lassen.

Das Gemüse in wenig Wasser bissfest garen und die Krabben untermischen.

Den Backofen auf 220 °C Ober- und Unterhitze (Umluft 200 °C, Gas Stufe 4) vorheizen.

Die Hälfte des Gemüses in eine Auflaufform füllen, das Fischfilet darauflegen und das restliche Gemüse darübergeben.

Den Wein und die Sahne verrühren, mit etwas Zitronensaft und dem Pfeffer abschmecken. Die Soße über das Gemüse gießen, das Paniermehl darüberstreuen und die Butterflöckchen darüberverteilen. Im Backofen circa 15–20 Minuten überbacken.

In der Zwischenzeit die Kartoffeln im Salzwasser als Pellkartoffeln garen und zusammen mit dem Gratin servieren.

Eine Portion enthält:
542 Kilokalorien/2266 Kilojoule
46 g Eiweiß
13 g Fett
52 g Kohlenhydrate
11 g Ballaststoffe
133 µg Jod

Gratinierter Heilbutt

braucht etwas Zeit

Zutaten für 1 Portion
130 g Heilbuttfilet, frisch oder tiefgekühlt
1 TL Zitronensaft
¼ TL fluoridiertes Jodsalz
½ Knoblauchzehe
½ kleine Zwiebel
1 TL Olivenöl
2 EL Weißwein, trocken
1 EL Schlagsahne, 30 % Fett
50 g Muschelfleisch, aus dem Glas
¼ TL fluoridiertes Jodsalz
1 Msp. Muskatnuss
¼ TL Pfeffer
Zubereitungszeit: 50 Minuten

Zubereitung

Das Heilbuttfilet mit Zitronensaft beträufeln und mit Salz bestreuen. Eingefrorenes Filet auftauen lassen und danach mit Zitronensaft und Salz bearbeiten.

Den Backofen auf 250 °C (Ober- und Unterhitze, Umluft 230 °C, Gas Stufe 5) vorheizen.

Das Muschelfleisch abtropfen lassen. Die Knoblauchzehe und die Zwiebel schälen und in feine Würfel schneiden. Das Öl in einem Topf erhitzen und die Knoblauch- und Zwiebelwürfel darin goldgelb andünsten, mit dem Weißwein und der Sahne ablöschen, mit den Gewürzen abschmecken und auf niedriger Flamme einköcheln lassen.

Das Fischfilet in die Soße geben und zugedeckt 5–10 Minuten darin garen.

Eine feuerfeste Form bereitstellen, das Fischfilet vorsichtig aus der Soße heben und in die Form legen, die Muscheln über den Fisch streuen und die Soße darübergießen, im vorgeheizten Backofen 5–10 Minuten gratinieren, bis eine schöne goldgelbe Farbe entstanden ist.

Eine Portion enthält:

339 Kilokalorien/1417 Kilojoule
39 g Eiweiß
15 g Fett
7 g Kohlenhydrate
1 g Ballaststoffe
122 µg Jod

Tipps & Hinweise

Reichen Sie zum gratinierten Heilbutt kurz in Olivenöl angedünstetes Mangoldgemüse (pro Portion 200 g Mangold), verfeinert mit einem Hauch von Knoblauch.

Scholle in Weißweinsoße

preisgünstig

Zutaten für 1 Portion
150 g Schollenfilet, frisch oder tiefgekühlt
1 EL Zitronensaft
¼ TL fluoridiertes Jodsalz
3 Schalotten oder ½ kleine Zwiebel
1 TL Sonnenblumenöl
2 EL Weißwein, trocken
1 EL Kaffeesahne
¼ TL Pfeffer
1 Stück Lauch
1 Karotte
1 Stück Bleichsellerie
2 Zweige Dill
Zubereitungszeit: 40 Minuten

Zubereitung

Das Schollenfilet mit dem Zitronensaft beträufeln und mit dem Salz bestreuen, ziehen lassen.

Die Schalotten bzw. die Zwiebel schälen und in kleine Würfel schneiden. Das Öl in einem Topf erhitzen, die Zwiebelwürfel darin goldgelb andünsten, mit dem Wein aufgießen, kochen lassen, die Kaffeesahne und den Pfeffer zugeben und die Soße nochmals kochen lassen.

Das Fischfilet in wenig kochendes Wasser geben und 5 Minuten köcheln lassen (Fischfond aufheben), danach in die Weinsoße legen und dort einige Minuten ziehen lassen.

Inzwischen das Gemüse waschen, putzen und in schmale Streifen schneiden. Die Gemüsestreifen in dem Fischfond einige Minuten garen lassen.

Das Gemüse zum Fisch geben, bei Bedarf noch etwas Fischfond zur Soße geben, mit dem Dill garnieren und sofort servieren.

Tipps & Hinweise

Reichen Sie zu diesem Gericht als Beilage Naturreis-Wildreis-Risotto. Verwenden Sie für eine Portion 25 g Naturreis, 25 g Wildreis, die dreifache Menge Wasser und garen Sie den Reis nach Packungsaufschrift.

Eine Portion enthält:

317 Kilokalorien/1325 Kilojoule
36 g Eiweiß
12 g Fett
10 g Kohlenhydrate
7 g Ballaststoffe
80 µg Jod

Schollenröllchen mit Mandelrahm

geht schnell

Zutaten für 1 Portion
130 g Schollenfilets, frisch oder tiefgekühlt
1 EL Zitronensaft
¼ TL fluoridiertes Jodsalz
1 EL Mandelblättchen
3 EL Weißwein, trocken
2 EL Schlagsahne, 30 % Fett
¼ TL fluoridiertes Jodsalz
¼ TL Pfeffer
Zubereitungszeit: 25 Minuten

Zubereitung

Die Schollenfilets mit dem Zitronensaft beträufeln und mit dem Salz bestreuen, 5 Minuten ziehen lassen. Die gefrorenen Filets auftauen lassen und danach mit dem Zitronensaft und dem Salz behandeln.

Die Mandelblättchen in einer beschichteten Pfanne ohne Fettzugabe anrösten, bis sie goldbraun sind, aus der Pfanne herausnehmen und den Wein und die Sahne hineingeben, mit den Gewürzen abschmecken.

Die Fischfilet zu Röllchen drehen und mit Zahnstochern feststecken. Vorsichtig in die Soße setzen und 5–10 Minuten auf niedriger Stufe köcheln lassen. Die Mandelblättchen darüberstreuen und gleich servieren.

Tipps & Hinweise

Reichen Sie zu den Schollenröllchen ein knackiges Sommergemüse aus frischem Blumenkohl und jungen Karotten. Rechnen Sie pro Portion 200 g gemischtes Gemüse.

Als Beilage eignet sich unser Reismix auf Seite 78.

Eine Portion enthält:

288 Kilokalorien/1204 Kilojoule

29 g Eiweiß

15 g Fett

2 g Kohlenhydrate

1 g Ballaststoffe

61 µg Jod

Rote Fischpfanne

gelingt leicht

Zutaten für 1 Portion
130 g Kabeljaufilet, frisch oder tiefgekühlt
1 TL Zitronensaft
¼ TL fluoridiertes Jodsalz
2 kleine Tomaten
½ kleine Zwiebel
½ kleine Knoblauchzehe
1 EL passierte Tomaten, aus der Dose
1 TL Olivenöl
¼ TL fluoridiertes Jodsalz
¼ TL Pfeffer
¼ TL Oregano
¼ TL Majoran
¼ TL Basilikum
Zubereitungszeit: 35 Minuten

Zubereitung

Das frische Fischfilet mit dem Zitronensaft beträufeln und mit dem Salz bestreuen, 5 Minuten ziehen lassen. Den gefrorenen Fisch auftauen lassen und danach mit dem Zitronensaft und dem Salz behandeln.

Die frischen Tomaten waschen, halbieren, den Stengelansatz entfernen und das Fruchtfleisch in kleine Würfel schneiden.

Die Zwiebel und die Knoblauchzehe schälen und fein hacken. Das Öl in einer beschichteten Pfanne erhitzen und die

Zwiebel- und Knoblauchwürfel darin goldgelb andünsten, die frischen Tomaten und die passierten Tomaten dazugeben und mitdünsten. Mit den Gewürzen abschmecken.

Den Fisch in grobe Würfel schneiden und in die Tomatensoße legen, abgedeckt bei mittlerer Hitze 5–8 Minuten köcheln lassen. Gleich servieren.

Tipps & Hinweise

Servieren Sie zur Fischpfanne einen grünen Kartoffel-Broccolibrei. Rechnen Sie pro Portion 200 g Kartoffeln und 100 g Broccoli. Beide Gemüse garen, zerkleinern und mit fluoridiertem Jodsalz, Pfeffer und Muskatnuss abschmecken.

Eine Portion enthält:
214 Kilokalorien/895 Kilojoule
29 g Eiweiß
7 g Fett
9 g Kohlenhydrate
3 g Ballaststoffe
179 µg Jod

Exotisches Fischragout

gelingt leicht

Zutaten für 1 Portion
½ rote Zwiebel
1 Karotte
½ kleiner Apfel
130 g Kabeljaufilet, frisch oder tiefgekühlt
1 EL Zitronensaft
¼ TL fluoridiertes Jodsalz
1 TL Sonnenblumenöl
¼ TL Curry
¼ TL Paprika
¼ TL Kurkuma
1 EL Apfelsaft
1 EL Kokosraspeln
1 TL geh. Pistazienkerne
Zubereitungszeit: 30 Minuten

Zubereitung

Die Zwiebel schälen und in kleine Würfel schneiden. Die Karotte und den Apfel waschen, putzen. Die Karotte in Stifte und den Apfel in Spalten schneiden.

Das Kabeljaufilet in Würfel schneiden, mit dem Zitronensaft beträufeln und dem Salz bestreuen.

Das Öl erhitzen, die Zwiebel und Karottenstücke andünsten, die Äpfel und Fischstücke dazugeben, alles mit Pfeffer, Curry, Paprika und Kurkuma würzen. Den Apfelsaft dazugeben und das Fischragout abgedeckt kurz köcheln lassen.

Die Kokosraspeln in einer beschichteten Pfanne, ohne Fettzugabe, anrösten und unter das Fischragout heben.

Das Gericht mit den gehackten Pistazienkernen bestreuen und gleich servieren.

Tipps & Hinweise

Reichen Sie als Beilage zum Fischragout Pistazienreis. Für eine Portion rechnen Sie 50 g Naturreis und die dreifache Menge an Wasser. Nach Packungsaufschrift zubereiten und mit 1 EL gehackten Pistazien vermischen.

Eine Portion enthält:
319 Kilokalorien/1333 Kilojoule
29 g Eiweiß
16 g Fett
14 g Kohlenhydrate
7 g Ballaststoffe
188 µg Jod

Fischgulasch

gelingt leicht

Zutaten für 1 Portion
100 g Kabeljaufilet, frisch oder tiefgekühlt
1 EL Zitronensaft
¼ TL fluoridiertes Jodsalz
½ kleine Zwiebel
½ kleine Knoblauchzehe
½ gelbe Paprikaschote
1 Stück Lauch
1 kleine Tomate
1 TL Olivenöl
Shrimps, in Salzlake eingelegt oder tiefgekühlt
1 EL Weißwein
1 EL Schlagsahne, 30 % Fett
¼ TL Pfeffer
¼ TL Paprika
Zubereitungszeit: 40 Minuten

Zubereitung

Das Fischfilet mit dem Zitronensaft und dem Salz beträufeln und einige Minuten ziehen lassen. Danach in grobe Würfel schneiden.

Die Zwiebel und die Knoblauchzehe schälen und fein hacken. Die Paprikaschote, den Lauch und die Tomate waschen, putzen und in kleine Stücke schneiden.

Das Öl in einem Topf erhitzen, die Gemüsewürfel darin andünsten, die Fischwürfel dazugeben und mit dem Wein aufgießen.

Das Gulasch 5–10 Minuten köcheln lassen, die Shrimps vorsichtig unterheben, die Sahne dazugeben und mit den Gewürzen abschmecken.

Tipps & Hinweise

Beachten Sie beim Abschmecken, dass die Shrimps auch Würze bringen, daher vorsichtig würzen.

Reichen Sie zu dem Fischgulasch Kräutervollkornreis. Für eine Portion rechnen Sie 50 g Reis (Rohgewicht), kochen Sie diesen in vierfacher Menge Gemüsebrühe und bestreuen Sie den Reis am Ende der Garzeit mit frisch gehackten Kräutern.

Eine Portion enthält:
301 Kilokalorien/1258 Kilojoule
33 g Eiweiß
12 g Fett
11 g Kohlenhydrate
5 g Ballaststoffe
185 µg Jod

SÜSSE ZWISCHENMAHLZEITEN UND DESSERTS

Für die süßen Seiten des Lebens finden Sie auf den folgenden Rezeptseiten einige Anregungen. Die Verwendung von Milch und Vollkornprodukten sorgen bei diesen Rezepten für die Zufuhr des lebenswichtigen Jod.

Variieren Sie nach Herzenslust und wandeln Sie unsere Rezepte nach Ihren Vorlieben ab, damit Sie voll und ganz den Geschmack der Familie treffen.

Gefüllter Bratapfel

gelingt leicht

Zutaten für 1 Portion
1 großer säuerlicher Apfel
1 TL Butter
1 EL gehackte Mandeln
1 TL Rosinen
1 EL Quittenmarmelade
¼ TL Zimt
¼ TL Lebkuchengewürz
Zubereitungszeit: 30 Minuten

Zubereitung

Den Backofen auf 200 °C Ober- und Unterhitze (Umluft 180 °C, Gas Stufe 3) vorheizen.

Die Butter in einem kleinen Topf schmelzen und die Mandeln, die Rosinen und die Gewürze darin andünsten.

Die Quittenmarmelade dazugeben und kurz mitdünsten.

Aus dem Apfel das Kerngehäuse ausstechen und die Masse einfüllen. Im Backofen 10–15 Minuten backen.

Eine Portion enthält:
309 Kilokalorien/1292 Kilojoule
6 g Eiweiß
15 g Fett
38 g Kohlenhydrate
7 g Ballaststoffe
7 µg Jod

Milchreis mit Apfelkompott

preisgünstig

Zutaten für 1 Portion
250 ml Trinkmilch, 1,5 % Fett
2 gehäufte EL Milchreis
1 Prise fluoridiertes Jodsalz
¼ Vanillestange
1 EL Zucker
1 mittlerer Apfel
100 ml Apfelsaft
1 TL Zucker
1 Prise Zimt
1 Nelke
½ kleines Ei
Zubereitungszeit: 30 Minuten

Zubereitung

Die Milch, den Reis, das Salz und die aufgeschlitzte Vanilleschote in einem kalt ausgespülten Topf zum Kochen bringen.

Den Reis bei kleiner Hitze langsam gar kochen und gut ausquellen lassen, unnötiges Rühren dabei vermeiden.

In der Zwischenzeit den Apfel schälen, in schmale Spalten schneiden und mit dem Zitronensaft, dem Apfelsaft, dem Zucker und den Gewürzen in einen Topf geben und gar dünsten.

Nach 15- bis 20-minütiger Quellzeit, den Milchreis mit dem Zucker abschmecken, die Vanilleschote herausnehmen und das Ei unterziehen.

Das Apfelkompott zusammen mit dem Milchreis servieren.

Eine Portion enthält:
518 Kilokalorien/2165 Kilojoule
16 g Eiweiß
9 g Fett
92 g Kohlenhydrate
4 g Ballaststoffe
28 µg Jod

Leckerer Blechkuchen

braucht etwas Zeit

Zutaten für 20 Stücke
Für den Teig:
250 g Weizenvollkornmehl
250 Weizenmehl, Type 405
1 Pck. Trockenhefe
60 g Butter oder Pflanzenmargarine (1 TL wegnehmen, zum Backblech-einfetten)
3 EL Zucker
1 Prise fluoridiertes Jodsalz
1 Ei
250 ml lauwarme Milch, 1,5 % Fett
Für den Belag:
2 Eier
250 g Magerquark
1 Msp. Zitronenschale
1 Pck. Vanillezucker
3 EL Zucker
1 EL Stärke
350 ml Milch, 3,5 % Fett
3 EL gem. Mohn
80 g Weizengrieß
2 EL Zucker
750 g Pflaumen

Zubereitungszeit:
2 Stunden 10 Minuten
Ruhezeit: 40 Minuten

Zubereitung

Die beiden Mehle in eine Schüssel sieben, die Hefe, den Zucker und das Salz untermischen. Die Milch dazugießen und mit den Knethaken des Handrührgerätes verrühren. Das Ei untermengen und die Butter unterkneten, den Teig zu einer Kugel formen und an einem warmen Ort 40 Minuten gehen lassen.

Die Eier trennen und die Eiweiße kalt stellen. Den Quark in eine Rührschüssel geben, die Eigelbe, die Zitronenschale, den Vanillezucker, den Zucker und die Stärke dazugeben und mit den Quirlen des Handrührgerätes alles gut verrühren.

Die Eiweiße mit den Quirlen des Handrührgerätes steifschlagen und den Eischnee vorsichtig mit einem Schneebesen unter die Quarkmasse heben.

Die Milch zum Kochen bringen und den Grieß einstreuen, bei mittlerer Hitze einen Grießbrei kochen. Den Mohn und den Zucker einstreuen und vom Herd nehmen.

Die Pflaumen waschen, längs einschneiden und entsteinen. Das Backblech einfetten und mit etwas Mehl bestreuen.

Den Backofen auf 200 °C Ober- und Unterhitze (Umluft 180 °C, Gas Stufe 3) vorheizen.

Den Teig nochmals durchkneten und auf das Backblech geben. Die Quarkmasse, die Mohnmasse und die Pflaumen diagonal abwechselnd in Reihen auf dem Teig verteilen. Den Kuchen im vorgeheizten Ofen 40 Minuten backen.

Tipps & Hinweise

Probieren Sie das Rezept mit anderen Obstsorten aus. Lecker schmecken auch Pfirsiche, Aprikosen, Äpfel oder Brombeeren.

Eine Stück enthält:

242 Kilokalorien/1013 Kilojoule

9 g Eiweiß

8 g Fett

33 g Kohlenhydrate

4 g Ballaststoffe

6 µg Jod

Pudding-Beeren-Teilchen

für Gäste

Zutaten für 12 Teilchen

Für den Teig:

- 125 g Weizenvollkornmehl
- 125 g Weizenmehl, Type 405
- 125 g Butter
- 5 EL Zucker
- 1 TL Zimt
- 1 Ei
- 1 Prise fluoridiertes Jodsalz

Für die Füllung:

- 1 Pck. Vanillepuddingpulver
- 2 EL Zucker
- 500 ml Milch, 1,5 % Fett
- 2 TL Butter für die Förmchen
- 150 g Naturjoghurt, 1,5 % Fett
- 500 g gemischte Beeren (Erdbeeren, Himbeeren, Stachelbeeren)
- 5 TL geröstete Mandelblättchen

Zubereitungszeit: 1 Stunde
Ruhezeit: 30 Minuten

Zubereitung

Die beiden Mehle sieben und mit den übrigen Zutaten zu einem glatten Teig verkneten. Den Teig 30 Minuten kalt stellen.

Den Backofen auf 200 °C Ober- und Unterhitze (Umluft 180 °C, Gas Stufe 3) vorheizen.

Den Vanillepudding nach Packungsanweisung zubereiten.

Die Torteletteförmchen (10 cm Durchmesser) mit der Butter ausfetten. Den Teig ½ cm dick ausrollen, die Förmchen umgedreht auf den Teig legen und ringsherum abschneiden. Förmchen umdrehen und Teig in die Förmchen drücken. Mehrmals mit einer Gabel einstechen und im vorgeheizten Ofen 15 Minuten backen. Abkühlen lassen und aus den Förmchen stürzen.

Das Joghurt unter den Vanillepudding heben und in die Förmchen füllen.

Die Beeren waschen, putzen und auf der Creme verteilen. Mit den Mandelblättchen bestreut servieren.

Ein Törtchen enthält:

- 260 Kilokalorien/1086 Kilojoule
- 6 g Eiweiß
- 12 g Fett
- 31 g Kohlenhydrate
- 3 g Ballaststoffe
- 6 µg Jod

Zwetschgendatschi

braucht etwas Zeit

Zutaten für 18 Stück

250 g Weizenvollkornmehl
250 g Weizenmehl, Type 405
½ Würfel Hefe
1,5 kg Zwetschgen
75 g Zucker
½ TL fluoridiertes Jodsalz
¼ l lauwarme Milch, 1,5 % Fett
3 EL Butter
1 TL Butter zum Fetten des Bleches
5 Zwiebäcke

Zubereitungszeit: 1 Stunde 15 Minuten
Ruhezeit: 45 Minuten

Zubereitung

Die beiden Mehle in eine Schüssel sieben, in die Mitte eine Vertiefung drücken und die Hefe hineinbröckeln. Den Zucker und das Salz dazugeben und mit etwas Mehl und einigen EL lauwarmer Milch zu einem Vorteig verrühren. Diesen an einem warmen Ort 15 Minuten gehen lassen.

In der Zwischenzeit die Zwetschgen waschen, halbieren, entsteinen und vierteln.

Die restliche Milch und die Butter zu dem Teig geben und mit den Knethaken des Handrührgerätes zu einem glatten Teig verkneten. Nochmals 30 Minuten gehen lassen.

Das Backblech mit der Butter einfetten, den Backofen auf 200 °C Ober- und Unterhitze (Umluft 180 °C, Gas Stufe 3) vorheizen.

Den Teig auf dem Backblech ausrollen, die Zwiebäcke darauf zerbröseln und die Zwetschgen schuppenförmig auf den Teig setzen. Im vorgeheizten Ofen 35 Minuten backen.

Tipps & Hinweise

Servieren Sie den Zwetschgendatschi noch warm und genießen Sie dazu frisch geschlagene Sahne.

Ein Stück enthält:

183 Kilokalorien/765 Kilojoule
5 g Eiweiß
3 g Fett
33 g Kohlenhydrate
3 g Ballaststoffe
3 µg Jod

Scones

preisgünstig

Zutaten für 12 Stück
1 TL Butter zum Fetten des Bleches
125 g Vollkornmehl
125 g Weizenmehl, Type 405
4 TL Backpulver
1 Prise fluoridiertes Jodsalz
2 EL Butter
125 ml Milch, 1,5 % Fett
4 EL Wasser
etwas Milch zum Bepinseln
Zubereitungszeit: 45 Minuten

Zubereitung

Den Backofen auf 200 °C Ober- und Unterhitze (Umluft 180 °C, Gas Stufe 3) vorheizen. Ein Backblech mit der Butter ausfetten.

Die beiden Mehle in eine Schüssel sieben, das Backpulver, das Salz und die Butter dazugeben. Eine Vertiefung in die Mitte drücken und die Milch und das Wasser zufügen. Alles zu einem weichen Teig verarbeiten. Bei Bedarf noch Wasser bzw. Mehl zugeben.

Den Teig auf einer leicht bemehlten Arbeitsfläche kurz durchkneten und 1,5 cm ausrollen.

Mit einer bemehlten Ausstechform (Durchmesser 5 cm, z. B. mit einem kleinen Glas) den Teig ausstechen und auf das Backblech legen.

Die Scones mit der Milch bepinseln und 10–12 Minuten im vorgeheizten Ofen backen.

Tipps & Hinweise

Rosinen, getrocknete Aprikosen oder Pfirsiche schmecken als weitere Zutat in dem Teig äußerst lecker.

Reichen Sie zu den Scones Butter und Marmelade oder Honig.

Sie können die Scones auch als pikante Variante zubereiten. Geben Sie zum Teig geriebenen Käse oder frisch gehackte Kräuter.

Ein Stück enthält:
95 Kilokalorien/398 Kilojoule
3 g Eiweiß
3 g Fett
14 g Kohlenhydrate
2 g Ballaststoffe
2 µg Jod

Knusperwaffeln

gelingt leicht

Zutaten für 1 Portion
2 EL Butter
1 Eigelb
1 EL Zucker
4 EL Kefir, 3,5 % Fett
6 EL Weizenvollkornmehl
1 Msp. Zitronenschale
1 Eiweiß
2 TL Sonnenblumenöl
Zubereitungszeit: 30 Minuten

Zubereitung

Die Butter, das Eigelb und den Zucker mit den Schneebesen des Handrührgerätes schaumig schlagen.

Den Kefir, das gesiebte Mehl und die Zitronenschale unterrühren.

Das Eiweiß steifschlagen und mit einem Schneebesen vorsichtig unterziehen.

Den Teig in einem, mit Sonnenblumenöl gefetteten, Waffeleisen zu zwei Waffeln backen.

Eine Portion enthält:

676 Kilokalorien/2826 Kilojoule

17 g Eiweiß

44 g Fett

54 g Kohlenhydrate

6 g Ballaststoffe

13 µg Jod

Tipps & Hinweise

Reichen Sie zu den Waffeln mit Zimt abgeschmecktes Apfelmus. Für frisch gekochtes Apfelmus rechnen Sie pro Portion einen großen Apfel (200 g), 2 EL Apfelsaft, 1 TL Zitronensaft, ½ Zimtstange und 1 TL Zucker.

Kochen Sie die kleingeschnittenen Apfelstücke im Apfel-Zitronensaft. Geben Sie vor dem Aufkochen die Zimtstange und den Zucker dazu. Am Ende der Garzeit, die Zimtstange entfernen und das Ganze mit einem Pürierstab durchmixen.

Cremiges Erdbeereis

gut vorzubereiten

Zutaten für 1 Portion
60 ml Schlagsahne, 30 % Fett
1 Eigelb
3 EL Zucker
120 g Erdbeeren
1 EL Orangensaft

Zubereitungszeit: 40 Minuten
Kühl- bzw. Gefrierzeit: 3 Stunden

Zubereitung

Die Sahne in einem kleinen Topf erhitzen. Einmal aufkochen lassen und vom Herd nehmen.

Das Eigelb und den Zucker mit den Schneebesen des Handrührgerätes cremig schlagen. Nach und nach unter ständigem Rühren die heiße Sahne angießen.

Die Mischung wieder in den Topf geben und bei schwacher Hitze unter Rühren 5 Minuten eindicken lassen. Nicht zum Kochen bringen, sonst gerinnt die Masse.

In eine Schüssel geben und abkühlen lassen. Dabei gelegentlich umrühren.

Die Erdbeeren waschen und putzen. Das Fruchtfleisch und den Orangensaft mit einem Pürierstab pürieren. Das Obstpüree in die abgekühlte Creme rühren und in eine flache Schale gießen.

Abgedeckt gefrieren lassen. In eine Schüssel gießen und mit dem Handrührgerät glattrühren und wieder in die Schale gießen. Nochmals gefrieren lassen.

Tipps & Hinweise

Verwenden Sie anstatt Erdbeeren andere Früchte, je nach Vorliebe. Lecker schmecken auch Bananen, Himbeeren, Brombeeren, Heidelbeeren, Mango, Melone, Kirschen ...

Achten Sie beim Umrühren der Sahne während des Abkühlen auf gleichmäßiges Verteilen des an den Wänden entstehenden Eises. Somit ist gewährleistet, dass das Eis am Ende cremig ist.

Eine Portion enthält:
317 Kilokalorien/1325 Kilojoule
2 g Eiweiß
10 g Fett
53 g Kohlenhydrate
2 g Ballaststoffe
5 µg Jod

Knackiges Beerendessert

geht schnell

Zutaten für 1 Portion
2 geh. EL rote Johannisbeeren
2 geh. EL schwarze Johannisbeeren
1 EL Weizenkeime
1 EL Limonen- oder Zitronensaft
1 EL Zucker
100 g Speisequark, 20 % Fett
100 g Naturjoghurt, 3,5 % Fett
1 EL Cornflakes
Zubereitungszeit: 15 Minuten

Zubereitung

Die Johannisbeeren waschen und putzen.

Die Weizenkeime mit dem Limonen- bzw. Zitronensaft, dem Zucker und dem Quark und dem Joghurt in eine Schüssel geben und miteinander verrühren.

Die Beerenfrüchte vorsichtig unterheben und mit den Cornflakes bestreuen, gleich servieren.

Eine Portion enthält:

332 Kilokalorien/1388 Kilojoule
17 g Eiweiß
9 g Fett
41 g Kohlenhydrate
8 g Ballaststoffe
19 µg Jod

Bananenshake

gelingt leicht

Zutaten für 1 Portion
250 ml eiskalte Milch, 3,5 % Fett
1 kleine Banane
1 TL Zitronensaft
½ TL Kokosraspeln
1 Prise Zimt
Zubereitungszeit: 10 Minuten

Zubereitung

Die Milch zur Hälfte in ein Mixglas geben.

Die Banane schälen und in Stücke schneiden, zur Milch geben, den Zitronensaft darüber gießen und auf höchster Stufe gut durchpürieren.

Die restliche Milch zugießen und nochmals kurz mixen.

In ein Cocktailglas füllen, die Kokosraspeln mit dem Zimt vermischen und den Shake damit bestreuen.

Tipps & Hinweise

Tauchen Sie den Glasrand vor dem Befüllen mit dem Bananenshake in Zitronensaft und drehen Sie den Rand danach in der Kokosflocken-Zimt-Mischung.

Eine Portion enthält:

276 Kilokalorien/1154 Kilojoule
10 g Eiweiß
11 g Fett
34 g Kohlenhydrate
3 g Ballaststoffe
22 µg Jod

Schlemmermüsli

geht schnell

Zutaten für 1 Portion
1 Mandarine
1 Kiwi
1 kleine Banane
1 EL Weizenkleie
1 TL Zucker
150 g Naturjoghurt, 3,5 % Fett
1 EL Kokosflocken
1 EL Cornflakes
Zubereitungszeit: 20 Minuten

Zubereitung

Das Obst schälen und in kleine Stücke schneiden.

Die Weizenkleie, den Zucker und das Joghurt miteinander verrühren. Die Obststücke vorsichtig unterheben.

Die Cornflakes und die Kokosflocken darüberstreuen und sofort servieren.

Tipps & Hinweise

Beachten Sie, dass Kiwis bei Kontakt mit Milchprodukten einen bitteren Geschmack entwickeln, deshalb das Müsli gleich genießen.

Eine Portion enthält:

390 Kilokalorien/1630 Kilojoule
10 g Eiweiß
13 g Fett
54 g Kohlenhydrate
12 g Ballaststoffe
16 µg Jod

ABWECHSLUNGS-REICHE ABENDESSEN

Auch das Abendessen bietet reichlich Möglichkeiten, die Jodzufuhr des Tages noch zu retten. Kennen Sie schon unseren schmackhaften Fischburger oder einen der leckeren Salate, die mit etwas Fisch ihren Beitrag zur Jodzufuhr bringen?

Wie beim morgendlichen Frühstück, sollten Sie auch beim Abendessen darauf achten, dass Ihr Brot von einem Bäcker stammt, der fluoridiertes Jodsalz zur Herstellung seiner Backwaren verwendet. Oder Sie backen sich Ihr Brot einmal selbst, Anregungen dazu finden Sie auf Seite 62.

Es muss jedoch nicht nur Fisch sein, auch eine Milchmahlzeit oder ein gebackener Camembert bringen Jod zur Vorbeugung von Schilddrüsenkrankheiten.

Thunfisch überbacken

gelingt leicht

Zutaten für 1 Portion
2 Scheiben Vollkorntoast
60 g Thunfisch, naturell
1 Scheibe Edamer, 45 % Fett i. Tr.
½ kleine blaue Zwiebel
¼ rote Paprikaschote
¼ TL fluoridiertes Jodsalz
½ TL Pfeffer
¼ TL Paprikapulver, edelsüß
Zubereitungszeit: 30 Minuten

Zubereitung

Den Backofen auf 200 °C Ober- und Unterhitze (Umluft 180 °C, Gas Stufe 3) vorheizen.

Die Toastscheiben auf ein Backblech legen. Den Thunfisch abtropfen lassen und die Käsescheibe in schmale Streifen schneiden.

Die Zwiebel schälen und in kleine Würfel schneiden, die Paprikaschote waschen, putzen und ebenfalls würfeln.

Alle Zutaten miteinander vermengen, mit den Gewürzen abschmecken und die Masse auf die beiden Toastscheiben streichen. Die Toasts 10–15 Minuten im vorgeheizten Backofen überbacken.

Tipps & Hinweise

Kräftiger im Geschmack ist Vollkornbrot, dies sollten Sie jedoch vor dem Bestreichen mit der Fischmasse toasten.

Eine Portion enthält:

380 Kilokalorien/159 Kilojoule
26 g Eiweiß
21 g Fett
23 g Kohlenhydrate
4 g Ballaststoffe
37 µg Jod

Schlemmertoast „Sylt"

etwas teurer

Zutaten für 1 Portion
2 Scheiben Vollkorntoast
4 EL Krabben, aus dem Glas
1 Scheibe geräuchter Lachs
30 g Mozzarella, 45 % Fett i. Tr.
1 TL Meerrettich
1 EL Schmand, 24 % Fett
¼ TL Pfeffer
1 Zweig Dill
Zubereitungszeit: 30 Minuten

Zubereitung

Den Backofen auf 200 °C Ober- und Unterhitze (Umluft 180 °C, Gas Stufe 3) vorheizen.

Die Toastscheiben auf ein Backblech legen.

Die Krabben abtropfen lassen, den Lachs in schmale Streifen schneiden. Den Mozzarella abtropfen lassen und in Würfel schneiden. Den Meerrettich mit dem Schmand glattrühren und mit dem Pfeffer abschmecken.

Den Dill waschen und fein hacken.

Alle Zutaten miteinander vermengen und auf die beiden Toastscheiben streichen. Die Toasts 10–15 Minuten im Backofen überbacken.

Tipps & Hinweise

Dill ist wie andere Kräuter reich an aromatischen Inhaltsstoffen sowie lebenswichtigen Vitaminen und Mineralstoffen. Kräuter sind echte Vitalstoff-Bomben.

Eine Portion enthält:

276 Kilokalorien/1154 Kilojoule
21 g Eiweiß
12 g Fett
20 g Kohlenhydrate
3 g Ballaststoffe
51 µg Jod

Gebackener Camembert

geht schnell

Zutaten für 1 Portion
½ kleines Ei
1 kleiner Camembert, 30 % Fett i. Tr. (125 g)
2 EL Paniermehl
2 Scheiben Vollkorntoastbrot
1 EL Sonnenblumenöl
2 EL Preiselbeermarmelade
Zubereitungszeit: 20 Minuten

Zubereitung

Das Ei mit einer Gabel verquirlen. Den Camembert in dem verquirlten Ei wenden und in dem Paniermehl wenden.

Das Öl in einer beschichteten Pfanne erhitzen und den panierten Käse darin bei geringer Hitze backen. Der Käse beginnt sich zu wölben, wenn er fertig ist.

Die Toastscheiben goldgelb toasten und zusammen mit dem gebackenen Camembert und der Preiselbeermarmelade servieren.

Tipps & Hinweise

Probieren Sie einmal gebackenen Schafskäse. Dazu verwenden Sie anstatt des Camemberts die gleiche Menge Schafskäse.

Reichen Sie dazu einen knackigen Salat mit frischen Tomaten, Paprika, Gurken und Knoblauch.

Eine Portion enthält:

719 Kilokalorien/3005 Kilojoule

38 g Eiweiß

37 g Fett

60 g Kohlenhydrate

4 g Ballaststoffe

31 µg Jod

Feldsalat griechisch

gelingt leicht

Zutaten für 1 Portion
40 g Feldsalat
½ kleine blaue Zwiebel
2 TL Olivenöl
1 TL Weißweinessig
½ TL Senf
6 Cocktailtomaten
30 g Schafskäse, 45 % Fett i. Tr.
Zubereitungszeit: 30 Minuten

Zubereitung

Den Feldsalat waschen und putzen.

Die Zwiebel schälen und in kleine Würfel schneiden.

Aus dem Öl, dem Essig und dem Senf eine Salatsoße herstellen.

Die Cocktailtomaten waschen und halbieren und den Schafskäse in Würfel schneiden.

Den Salat mit der Soße vermischen und die Tomaten und Käsestücke darüberstreuen.

Tipps & Hinweise

Reichen Sie zum Salat ein knusprig aufgebackenes Baguette. Verfeinern können Sie den Geschmack noch, indem Sie das Brot vor dem Backen mit einer halben Knoblauchzehe und einigen Tropfen Olivenöl einreiben.

Eine Portion enthält:

229 Kilokalorien/957 Kilojoule
10 g Eiweiß
20 g Fett
3 g Kohlenhydrate
2 g Ballaststoffe
28 µg Jod

Fruchtiger Garnelensalat

etwas teurer

Zutaten für 1 Portion
30 g Eisbergsalat
1 Stück Gurke
3 Cocktailtomaten
1 Stück Staudensellerie
1 Frühlingszwiebel
2 Champignons
1 Orange
60 g Garnelen, gegart
2 EL saure Sahne, 10 % Fett
1 TL Essig
1 TL Tomatenketchup
¼ TL fluoridiertes Jodsalz
¼ TL Pfeffer
1 Prise Cayennepfeffer
1 Zweig Dill
Zubereitungszeit: 30 Minuten

Zubereitung

Den Eisbergsalat putzen, waschen und in mundgerechte Stücke zerpflücken.

Das Gemüse putzen, waschen und in kleine Stücke schneiden.

Die Orange schälen und ebenfalls in kleine Stücke schneiden.

Die Garnelen abtopfen lassen.

Alle Zutaten mischen und auf einem großen Teller anrichten.

Die saure Sahne mit dem Essig und dem Tomatenketchup verrühren und mit den Gewürzen abschmecken.

Den Dill waschen und fein hacken. Die Salatsoße unter den Salat mischen und mit dem gehackten Dill bestreuen.

Tipps & Hinweise

Reichen Sie zu dem Salat frisch getoastetes Vollkornbaguette und bestreichen Sie es mit einer halbierten Knoblauchzehe.

Eine Portion enthält:

144 Kilokalorien/602 Kilojoule
16 g Eiweiß
8 g Fett
9 g Kohlenhydrate
3 g Ballaststoffe
89 µg Jod

Ananaskrabbensalat

geht schnell

Zutaten für 1 Portion
80 g Krabben, tiefgefroren oder aus dem Glas
50 g Ananas, frisch oder aus der Dose
½ kleine blaue Zwiebel
1 EL Orangensaft
1 TL Weißweinessig
1 TL Weizenkeimöl
¼ TL fluoridiertes Jodsalz
¼ TL Pfeffer
2 Blätter Kopfsalat
Zubereitungszeit: 20 Minuten

Zubereitung

Die Krabben auftauen lassen oder abtropfen lassen.

Die Ananas in kleine Stücke schneiden. Die Zwiebel schälen und in kleine Stücke schneiden.

Aus dem Orangensaft, dem Essig und dem Öl eine Salatsoße herstellen, mit den Gewürzen abschmecken. Die Soße über die Salatzutaten gießen und gut vermengen.

Die Salatblätter auf einem Teller anrichten, den Salat daraufgeben und servieren.

Eine Portion enthält:
172 Kilokalorien/719 Kilojoule
17 g Eiweiß
7 g Fett
10 g Kohlenhydrate
1 g Ballaststoffe
107 µg Jod

Thunfischsalat

gelingt leicht

Zutaten für 1 Portion
100 g Thunfisch, im eigenen Saft, aus der Dose
¼ gelbe Paprikaschote
1 Stück Gurke
½ kleine blaue Zwiebel
1 TL Essig
1 TL Maiskeimöl
¼ TL fluoridiertes Jodsalz
¼ TL Pfeffer
Zubereitungszeit: 20 Minuten

Zubereitung

Den Thunfisch abgießen und zerpflücken.

Das Gemüse putzen, waschen und in kleine Würfel schneiden.

Die Zwiebel schälen und ebenfalls in kleine Würfel schneiden.

Aus dem Essig und dem Öl eine Marinade herstellen. Mit dem Salz und dem Pfeffer abschmecken.

Die Salatzutaten miteinander vermischen und die Marinade unterrühren.

Eine Portion enthält:
326 Kilokalorien/1363 Kilojoule
26 g Eiweiß
23 g Fett
5 g Kohlenhydrate
2 g Ballaststoffe
41 µg Jod

Marinierte Feinschmecker-spieße

braucht etwas Zeit

Zutaten für 1 Portion
Für den Salat:
2 Cocktailtomaten
1 Stück Salatgurke (30 g)
30 g Mozzarella, 45 % Fett i. Tr.
½ kleine Knoblauchzehe
1 TL Butter
2 Königscrevetten, frisch oder tiefgekühlt
¼ gelbe Paprikaschote
1 Stück Avocado (20 g)
1 TL Zitronensaft
Für die Marinade:
2 TL Olivenöl
1 TL Zitronensaft
1 EL geh. Kräuter
½ kleine blaue Zwiebel
Zubereitungszeit: 30 Minuten
Marinierzeit: 30 Minuten

Zubereitung

Das Gemüse waschen, die Salatgurke und den Mozzarella in fingerdicke Scheiben schneiden.

Den Knoblauch schälen und in kleine Würfel schneiden. Die Butter erhitzen und die Knoblauchwürfel darin anschwitzen. Die Königscrevetten von jeder Seite 1 Minute braten.

Die Paprika von den weißen Trennwänden und Kernen befreien und in kleine Stücke schneiden. Die Avocado schälen und in zwei Spalten teilen, sofort mit dem Zitronensaft beträufeln.

Alle Zutaten abwechselnd auf 2 Spieße stecken.

Für die Marinade das Öl mit dem Zitronensaft, Salz, Pfeffer und den gehackten Kräutern verrühren. Die Zwiebel schälen und fein hacken und unter die Marinade rühren.

Das Ganze über die Spieße gießen und gut durchziehen lassen.

Tipps & Hinweise

Reichen Sie die Spieße gemeinsam mit frischem Vollkornbaguette oder Sonnenblumenkerntoast.

Eine Portion enthält:

324 Kilokalorien/1354 Kilojoule
16 g Eiweiß
26 g Fett
7 g Kohlenhydrate
3 g Ballaststoffe
60 µg Jod

Scholle in Zitronenmarinade

braucht etwas Zeit

Zutaten für 1 Portion
150 g Schollenfilet
1 EL Zitronensaft
¼ TL fluoridiertes Jodsalz
¼ rote Paprikaschote
2 Frühlingszwiebeln
1 Stück Avocado (30 g)
2 EL Zitronensaft
1 EL Maiskeimöl
¼ TL fluoridiertes Jodsalz
1 TL grüne Pfefferkörner
Zubereitungszeit: 20 Minuten **Ruhezeit: 1 Stunde**

Zubereitung

Das Schollenfilet mit dem Zitronensaft beträufeln und mit dem Salz bestreuen. In mundgerechte Stücke schneiden und in wenig Wasser bei geringer Hitze garziehen lassen.

Die Paprikaschote waschen, Kerngehäuse entfernen und in kleine Würfel schneiden. Die Frühlingszwiebeln waschen und in schmale Ringe schneiden. Die Avocado schälen und in schmale Spalten schneiden.

Die Scholle, die Gemüsewürfel und die Avocadospalten auf einem großen Teller anrichten.

Den Zitronensaft, das Öl und die Gewürze zu einer Marinade verrühren und darüberträufeln.

Eine Portion enthält:
386 Kilokalorien/1613 Kilojoule
33 g Eiweiß
26 g Fett
4 g Kohlenhydrate
3 g Ballaststoffe
63 µg Jod

Gemischte Fischplatte

gelingt leicht

Zutaten für 1 Portion
50 g Krabben, aus dem Glas/der Dose
1 EL Naturjoghurt, 3,5 % Fett
1 TL Kräuteressig
½ TL Senf
¼ TL fluoridiertes Jodsalz mit Folsäure
¼ TL Pfeffer
2 Zweige Dill
50 g geräucherter Lachs
50 g geräucherte Makrele
½ TL Meerrettich
1 EL Frischkäse, 50 % Fett
2 Scheiben Vollkorntoastbrot
Zubereitungszeit: 20 Minuten

Zubereitung

Die Krabben abtropfen lassen, mit dem Joghurt, dem Essig, dem Senf und den Gewürzen vermengen. Den Dill waschen und fein hacken und über die Krabben streuen.

Den Lachs und das Makrelenfilet auf einem Teller anrichten, den Meerrettich und den Frischkäse miteinander verrühren und in eine kleine Schale füllen und zu dem Fisch reichen.

Die Toastbrotscheiben toasten und gleich zur Fischplatte servieren.

Tipps & Hinweise

Der Kalziumgehalt von Milchprodukten steigt mit abnehmendem Fettgehalt. Fettarmer Joghurt enthält also mehr knochenstärkendes Kalzium als Sahnejoghurt.

Eine Portion enthält:

405 Kilokalorien/1693 Kilojoule
38 g Eiweiß
15 g Fett
30 g Kohlenhydrate
3 g Ballaststoffe
89 µg Jod

Grünes Garnelenpfännchen

gelingt leicht

Zutaten für 1 Portion
100 g Lauch
100 g Broccoli, tiefgekühlt
50 g Blattspinat, tiefgekühlt
½ kleine Knoblauchzehe
5 kleine Champignons
1 TL Olivenöl
2 EL Weißwein, trocken
¼ TL fluoridiertes Jodsalz
½ TL Pfeffer
¼ TL Cayennepfeffer
4 EL Garnelen, aus dem Glas
1 Scheibe Gouda, 45 % Fett i. Tr.
Zubereitungszeit: 30 Minuten

Zubereitung

Den Lauch waschen und in halbe Ringe schneiden. Den Broccoli und den Spinat auftauen lassen.

Die Knoblauchzehe schälen und in kleine Würfel schneiden. Die Champignons waschen, putzen und in schmale Scheiben schneiden.

Den Broccoli in wenig Wasser bissfest garen. Das Öl in eine beschichteten Pfanne erhitzen und die Knoblauchwürfel darin andünsten, den Lauch, den Spinat und die Champignons dazugeben und mitdünsten. Mit dem Wein ablöschen, kurz köcheln lassen und mit den Gewürzen abschmecken.

Die Broccolistücke vorsichtig unter das Gemüse mischen und die Garnelen kurz in dem Gemüse erwärmen. Den Käse in kleine Würfel schneiden und über das Pfännchen streuen, sofort servieren.

Tipps & Hinweise

Genießen Sie zum Garnelenpfännchen gebackene Gnocchi. Gnocchis gibt es fix und fertig im Handel zu kaufen. Diese in einer beschichteten Pfanne kurz in 1 TL Olivenöl backen.

Eine Portion enthält:

279 Kilokalorien/1166 Kilojoule
24 g Eiweiß
15 g Fett
5 g Kohlenhydrate
8 g Ballaststoffe
97 µg Jod

Farfalle „Seafood"

etwas teurer

Zutaten für 1 Portion
100 g Muschelfleisch
30 g Tintenfisch
70 g Schmetterlingsnudeln (Farfalle)
¼ TL fluoridiertes Jodsalz
150 g Tomaten, aus der Dose
2 TL Olivenöl
2 Riesengarnelen
2 EL Weißwein, trocken
¼ TL fluoridiertes Jodsalz
¼ TL Pfeffer
¼ TL Oregano
¼ TL Thymian
Zubereitungszeit: 20 Minuten

Zubereitung

Das Muschelfleisch abtropfen lassen. Den Tintenfisch putzen und in Ringe schneiden.

Die Nudeln in reichlich Salzwasser „al dente" garen.

Die Tomaten in kleine Stücke schneiden.

Das Öl erhitzen und die Riesengarnelen darin anbraten, herausnehmen und kurz warm stellen. Die Tintenfischringe in das restlich Bratfett geben und kurz andünsten, mit den Tomatenstücken und dem Weißwein ablöschen und kurz köcheln lassen.

Die Muscheln in der Soße erwärmen und mit den Gewürzen abschmecken.

Die Soße gemeinsam mit den Nudeln servieren.

Eine Portion enthält:
502 Kilokalorien/2098 Kilojoule
30 g Eiweiß
13 g Fett
58 g Kohlenhydrate
6 g Ballaststoffe
130 µg Jod

Vollkornnudeln mit Spargel-Krabben-Soße

gelingt leicht

Zutaten für 1 Portion
70 g Vollkornnudeln
¼ TL fluoridiertes Jodsalz
50 g grüner Spargel
½ kleine Zwiebel
½ kleine Knoblauchzehe
1 TL Olivenöl
2 EL saure Sahne, 10 % Fett
1 EL Schlagsahne, 30 % Fett
¼ TL fluoridiertes Jodsalz
½ TL Pfeffer
50 g Krabben, aus dem Glas
Zubereitungszeit: 30 Minuten

Zubereitung

Die Nudeln in reichlich Salzwasser „al dente" kochen.

Den Spargel waschen, das untere Ende abschneiden und das unter Drittel schälen. Den Spargel in wenig Wasser 3–5 Minuten köcheln lassen, der Spargel soll noch etwas Biss haben.

Die Zwiebel und die Knoblauchzehe schälen und fein hacken. Das Öl in einem Topf erhitzen und die Zwiebel und Knoblauchwürfel darin goldgelb andünsten.

Die saure Sahne und die Schlagsahne miteinander verrühren und zu den Zwiebel- und Knoblauchstücken geben. Mit den Gewürzen abschmecken, bei Bedarf von dem Spargelwasser zugeben.

Den Spargel in mundgerechte Stücke schneiden. Die Spargelstücke und die Krabben zu der Soße geben und gemeinsam mit den abgetropften Nudeln servieren.

Tipps & Hinweise

Vollkornnudeln sind nicht nur wegen ihres höheren Jodgehaltes gut geeignet, sondern sie liefern zudem noch wertvolle Ballaststoffe. Diese regulieren die Verdauung und machen länger satt als die „hellen Nudeln".

Eine Portion enthält:

421 Kilokalorien/1760 Kilojoule

21 g Eiweiß

16 g Fett

47 g Kohlenhydrate

8 g Ballaststoffe

57 µg Jod

Meeresfrüchte-cocktail

braucht etwas Zeit

Zutaten für 1 Portion
50 g Kabeljaufilet, frisch oder tiefgekühlt
1 TL Zitronensaft
¼ TL fluoridiertes Jodsalz
¼ Lorbeerblatt
2 Pfefferkörner
1 Zweig Petersilie
2 EL Vollkornreis
100 ml Gemüsebrühe
50 g Mango
1 TL Zitronensaft
2 EL Schmand, 24 % Fett
1TL Meerrettich
¼ TL Pfeffer
50 g Garnelen, frisch oder aus dem Glas
50 g Schillerlocken
Zubereitungszeit: 45 Minuten

Zubereitung

Das Kabeljaufilet mit dem Zitronensaft beträufeln und mit dem Salz bestreuen. 100 ml Wasser mit dem Lorbeerblatt, den Pfefferkörnern und der Petersilie aufkochen lassen und den Fisch darin bei schwacher Hitze 10–15 Minuten pochieren.

Den Reis in der Gemüsebrühe 30–40 Minuten garen und abtropfen lassen.

Die Mango schälen und das Fruchtfleisch pürieren. Den Zitronensaft mit dem Schmand, dem Meerrettich und etwas von dem Fischfond verrühren und mit dem Pfeffer abschmecken.

Den Fisch in kleine Stücke teilen, die Garnelen abtropfen lassen, die Schillerlocken in Streifen schneiden und alles mit dem Reis vermischen.

Den Salat mit der Salatsoße vermischen und gleich servieren.

Eine Portion enthält:
393 Kilokalorien/1643 Kilojoule
35 g Eiweiß
13 g Fett
33 g Kohlenhydrate
3 g Ballaststoffe
153 µg Jod

Kartoffelcreme-suppe

preisgünstig

Zutaten für 1 Portion
80 g geräucherter Lachs
2 Zweige Dill
1 TL Senf
2 mittlere Kartoffeln
½ kleine Zwiebel
1 TL Olivenöl
100 ml Milch, 1,5 % Fett
¼ TL fluoridiertes Jodsalz
¼ TL Pfeffer
Zubereitungszeit: 45 Minuten

Zubereitung

Den Lachs in schmale Streifen schneiden. Den Dill waschen und klein schneiden, den Senf mit dem Dill verrühren und die Lachsstreifen damit vermengen, und ziehen lassen.

Die Kartoffeln waschen, schälen und in kleine Stücke schneiden. Die Zwiebel schälen und fein würfeln.

Das Öl in einem Topf erhitzen und die Zwiebelwürfel darin goldgelb andünsten. Die Kartoffelstücke dazugeben und kurz mitdünsten. Die Milch dazugießen, mit den Gewürzen abschmecken und auf kleiner Flamme köcheln lassen, bei Bedarf noch Wasser zugeben.

Die Suppe mit einem Pürierstab pürieren und mit den marinierten Lachsstreifen servieren.

Eine Portion enthält:

327 Kilokalorien/1367 Kilojoule
23 g Eiweiß
12 g Fett
30 g Kohlenhydrate
5 g Ballaststoffe
46 µg Jod

Spanische Fischsuppe

etwas teurer

Zutaten für 1 Portion
50 g Schellfisch, frisch oder tiefgekühlt
50 g Goldbarsch, frisch oder tiefgekühlt
50 g Kabeljau, frisch oder tiefgekühlt
1 kleine Tomate
50 g Staudensellerie
½ kleine Zwiebel
½ kleine Knoblauchzehe
1 TL Olivenöl
¼ TL fluoridiertes Jodsalz
¼ TL Pfeffer
¼ Lorbeerblatt
1 Msp. Safran oder Kurkuma
1 TL gehackte Petersilie
150 ml Fischfond, aus dem Glas
Zubereitungszeit: 45 Minuten

Zubereitung

Die Fische in mundgerechte Stücke schneiden, tiefgekühlte Fische auftauen lassen und danach zerkleinern.

Die Tomate waschen, halbieren, Stengelansatz herausschneiden und vierteln. Den Staudensellerie waschen, putzen und in schmale Stücke schneiden. Die Zwiebel und die Knoblauchzehe schälen und in feine Würfel schneiden.

Das Öl in einem Topf erhitzen, die Zwiebelwürfel und die Selleriestücke darin andünsten. Die Tomatenstücke dazugeben und kurz mitdünsten.

Den Topf vom Herd nehmen, die Fischstücke darauf verteilen. Gewürze, Knoblauch und Kräuter dazugeben und vorsichtig mit dem Fischfond aufgießen.

Die Fischstücke bei schwacher Hitze im geschlossenen Topf 10 Minuten dämpfen.

Tipps & Hinweise

Reichen Sie zur Suppe in Knoblauchöl geröstete Brotscheiben und verfeinern Sie den Geschmack mit frischen Kräutern wie Thymian und Petersilie.

Eine Portion enthält:

212 Kilokalorien/886 Kilojoule
33 g Eiweiß
6 g Fett
5 g Kohlenhydrate
2 g Ballaststoffe
211 µg Jod

Rat und Tat

Wichtige Adressen

Schilddrüsen-Liga Deutschland e. V.

Geschäftsstelle
Ev. Krankenhaus Bad Godesberg
Waldstraße 73
53117 Bonn
Telefon: 0228/386 90 60
www.schilddruesenliga.de

Interessengemeinschaft Schilddrüsenkrebs e. V.

Dahnstraße 3
45144 Essen
Telefon: 0261/75 77 20

Schilddrüseninformationsdienst (SDID)

Bolongarostraße 82
65929 Frankfurt am Main
Telefon: 069/31 40 53 24

Forum Schilddrüse e. V.

Rembrandtstraße 13
60596 Frankfurt/Main
Telefon: 069/63 80 37 27
Telefax: 069/60 32 73 66
E-Mail: info@forum-schilddruese.de

Bundeszentrale für gesundheitliche Aufklärung (BZgA)

Ostermerheimer Straße 200
51109 Köln
Telefon: 0221/89 92 0
Fax: 0221/89 92 300
www.bzga.de

Buchtipps

Sven-David Müller-Nothmann, Christiane Weißenberger:
Ernährungsratgeber Backen bei Diabetes. 2006.
ISBN 3-89993-526-8. € 12,90.
Schlütersche Verlagsgesellschaft mbH & Co. KG

Sven-David Müller-Nothmann, Christiane Weißenberger:
Ernährungsratgeber Gicht. 2006.
ISBN 3-89993-518-7. € 12,90.
Schlütersche Verlagsgesellschaft mbH & Co. KG

Sven-David Müller-Nothmann, Christiane Weißenberger:
Ernährungsratgeber Rheuma. 2006.
ISBN 3-89993-525-X. € 12,90.
Schlütersche Verlagsgesellschaft mbH & Co. KG

Petra Theisen, Sven-David Müller:
Clevere Desserts – entschärfte Kalorienbomben, 2004.
ISBN 3-89993-513-6. € 10,90.
Schlütersche Verlagsgesellschaft mbH & Co. KG

Sven-David Müller, Katrin Raschke:
Das Kalorien-Nährwert-Lexikon, 2., überarbeitete Auflage. 2004.
ISBN 3-89993-509-8. € 12,90.
Schlütersche Verlagsgesellschaft mbH & Co. KG

Michael Vogt, Sven-David Müller, Doreen Nothmann:
Moderne Ernährungsmärchen. 2004.
ISBN 3-89993-511-X. € 12,90.
Schlütersche Verlagsgesellschaft mbH & Co. KG

Sven-David Müller-Nothmann, Claudia Reimers:
Zimt gegen Zucker. 2005.
ISBN 3-42664-264-6. € 7,90.
Droemer Knaur

Sven-David Müller:
Diabetes-Ampel. 2003.
ISBN 3-42666-816-5. € 8,95.
Droemer Knaur

Sven-David Müller-Nothmann:
GLYX-Ampel. Die wichtigsten Kohlenhydrate auf einen Blick. 2005.
ISBN 3-42664-179-8. € 8,95.
Droemer Knaur

Autoreninfo

Sven-David Müller-Nothmann ist Diätassistent und Diabetesberater der Deutschen Diabetes Gesellschaft. Er hat verschiedene Vereine und Verbände gegründet und ist momentan erster Vorsitzender des Deutschen Kompetenzzentrum Gesundheitsförderung und Diätetik e. V. Nach zehnjähriger klinischer Tätigkeit als Diätassistent und Diabetesberater am Universitätsklinikum der Rheinisch-Westfälischen-Technischen Hochschule Aachen ist er jetzt in leitender Stellung beim erfolgreichsten fachärztlichen Beratungsportal http://www.qualimedic.de in Köln beschäftigt. Außerdem leitet er das Zentrum für Ernährungskommunikation und Gesundheitspublizistik (ZEK) in Köln, in dem sich verschiedene Ernährungswissenschaftler, Mediziner sowie Natur- und Geisteswissenschaftler zusammengeschlossen haben.

Sven-David Müller-Nothmann ist im gesamten deutschsprachigen Raum als Buchautor, Medizinjournalist und Vortragender bekannt. Aus seiner Feder stammen mehr als 45 Bücher, die in neun Sprachen übersetzt in einer Auflage von über einer Million Exemplaren erschienen sind. Regelmäßig ist er zudem Interviewgast bei Rundfunk- und Fernsehsendungen. Seit Oktober 2003 moderiert er in Leipzig das Fernsehmagazin *GesundZeit*. Außerdem ist er Ernährungsexperte der Zeitschriften *Fit for fun* und *Frau von heute*. Im Jahre 2005 erhielt er für seine Verdienste um die Ernährungs- und Diabetesaufklärung das Bundesverdienstkreuz.

Christiane Weißenberger ist Diätassistentin und Diabetesassistentin der Deutschen Diabetesgesellschaft. Bis zur Geburt ihres ersten Kindes arbeitete sie in verschiedenen Kliniken. Zuletzt war sie in einer diabetologischen und nephrologischen Schwerpunktpraxis in Würzburg beschäftigt. Dort war sie für die Ernährungs- und Diätberatungen, die Diabetikergruppenschulungen sowie die Ernährungsstunden in einem achtmonatigen Gewichtsreduktionsprogramm zuständig. Weiterhin führte sie regelmäßige Lehrküchenveranstaltungen durch.

Register

Sven-David Müller • Katrin Raschke

Das Kalorien-Nährwert-Lexikon

2., überarbeitete Auflage

2004. 208 Seiten, 15,5 x 21,0 cm, kartoniert
ISBN 978-3-89993-509-7
€ 12,90

„Ballaststoffe, Eiweiß, Vitamine, Minerale … Wie viele brauchen wir für unsere tägliche Ernährung? Das ‚Kalorien-Nährwert-Lexikon' enthält neben den Zahlenwerten eine sehr übersichtliche, farbige Bewertung der einzelnen Nährstoffe." *Frau mit Herz*

„Unschlagbar praktisch ist, dass über 3000 Lebensmittel im Lexikon alphabetisch aufgelistet sind und mühsames Suchen entfällt." *Natur-Heilkunde Journal*

Sven-David Müller • Prof. Dr. Michael Vogt
Doreen Nothmann

Moderne Ernährungsmärchen

2., aktualisierte und erweiterte Auflage

2007. 160 Seiten, ca. 110 Farbfotos, 15,5 x 21,0 cm, kartoniert
ISBN 978-3-89993-524-0
€ 12,90

„Unterhaltsam spannend geschrieben. Als Orientierungshilfe bietet das Buch neben der aktuellen Ernährungspyramide auch Regeln zur gesunden Ernährung und listet die Top-Vitaminspender auf." *Bad Doberaner Anzeiger*

„Dieses Buch analysiert bekannte, aber oft falsche Ernährungsweisheiten wie z. B. ‚Schokolade macht dick' oder ‚Spinat darf man nicht aufwärmen'. Der Ratgeber gibt tolle Tipps für eine gesunde Ernährung." *LAURA*

Sven-David Müller

Die Müller-Diät

Dauerhafte Ernährungsumstellung für die Idealfigur

2005. 128 Seiten, 63 Abbildungen, 15,5 x 21,0 cm, kartoniert
ISBN 978-3-89993-504-7
€ 12,90

Die Müller-Diät setzt auf die richtige Mischung und Auswahl der verschiedenen Lebensmittel. Nichts ist grundsätzlich verboten. Es gibt Deftiges und Süßes zu jeder Mahlzeit, so dass sie dauerhaft sättigt und zufrieden macht.

Stand August 2007. Änderungen vorbehalten.

schlütersche